KB037040

의산문답

소통으로 향하는 끝없는 질문과 대답

청소년 철학창고 34
의산문답, 소통으로 향하는 끝없는 질문과 대답

초판 1쇄 발행 2015년 7월 20일 | 초판 2쇄 발행 2020년 7월 20일

풀어쓴이 이종란
펴낸이 홍석 | 기획 채희석
편집팀장 김재실 | 책임편집 최양순
표지 디자인 황종환 | 본문 디자인 서은경
마케팅 홍성우·이가은·이송희 | 관리 김정선·정원경·최우리
펴낸곳 도서출판 풀빛 | 등록 1979년 3월 6일 제8-24호
주소 03762 서울시 서대문구 북아현로 11가길 12 3층
전화 02-363-5995(영업), 02-362-8900(편집) | 팩스 02-393-3858
홈페이지 www.pulbit.co.kr | 전자우편 inmun@pulbit.co.kr

ISBN 978-89-7474-773-2 44150
ISBN 978-89-7474-526-4 44080 (세트)

이 도서의 국립중앙도서관 출판예정도서목록(CIP)은
서지정보유통지원시스템(http://seoji.nl.go.kr)과 국가자료종합목록 구축시스템
(http://kolis-net.nl.go.kr)에서 이용하실 수 있습니다. (CIP제어번호: CIP2015017143)

의산문답

소통으로 향하는 끝없는 질문과 대답

홍대용 지음 | 이종란 풀어씀

醫山問答

풀빛

'청소년 철학창고'를 펴내며

　우리 청소년이 읽을 만한 좋은 책은 없을까? 많은 분들이 이런 고민을 하셨을 겁니다. 그러면서 흔히들 고전을 읽어야 한다고 합니다. 하지만 서점에 가서 책을 골라 보신 분들은 느꼈을 겁니다. '청소년의 지적 수준에 맞춰서 읽힐 만한 고전이 이렇게도 없는가.'라고.

　고전 선택의 또 다른 어려움은 고전의 범위가 매우 넓다는 것입니다. 청소년 시기에는 시간과 능력의 한계 때문에 그 많은 고전들을 모두 읽을 수 없습니다. 그렇다면 어떤 책을 읽어야 할까요?

　이런 여러 현실적인 어려움을 고려해 기획한 것이 풀빛 '청소년 철학창고'입니다. '청소년 철학창고'는 고전의 핵심이라 할 수 있는 '철학'에 더 많은 무게를 실었습니다. 그 이유는 무엇일까요?

　사람들은 일반적으로 철학을 현실과 동떨어진 공리공담이나 펼치는 학문이라고 생각합니다. 하지만 철학적 사고의 핵심은 사물과 현상을 다양하게 분석하고 종합해서 그 원칙이나 원리를 찾아내는 것입니다. 그래서 철학은 인간과 세상에 대해 깊이 있게 생각하고, 논리적으로 종합하는 능력을 키워 줍니다. 그런 만큼 세상과 인간에 대해 눈떠 가는 청소년 시기에 정말로 필요한 공부입니다.

하지만 모든 고전이 그렇듯이 철학 고전 또한 읽기가 쉽지 않습니다. 그래서 '청소년 철학창고'는 청소년의 눈높이에 맞추기 위해 선정에서부터 원문 구성에 이르기까지 많은 노력을 기울였습니다.

첫째, 책을 선정하는 과정에서부터 엄격함을 유지했습니다. 동양·서양·한국 철학 전공자들이 많은 회의 과정을 거쳐, 각 시대마다 동서양과 한국을 대표하는 철학 고전들을 엄선했습니다. 특히 우리 선조들의 사상과 동시대 동서양의 사상들을 주체적인 입장에서 비교하고 검토할 수 있도록 했습니다.

둘째, 고전 읽기의 참다운 맛을 살리기 위해 최대한 원문을 중심으로 구성했습니다. 물론 원문 읽기의 어려움을 해결하기 위해 새롭게 번역하고 재정리했습니다. 그리고 청소년이라면 누구나 어렵지 않게 읽으면서 고전이 주는 의미와 내용을 이해할 수 있도록 설명을 덧붙였고, 전체 해설을 통해 저자의 사상과 전체 내용을 다시 한 번 정리해 주었습니다.

마지막으로 쉬운 것부터 읽기 시작해 점차 사고의 폭을 넓혀 가도록 난이도에 따라 세 단계로 구분했습니다. 물론 단계와 상관없이 읽고 싶은 순서대로 읽어도 됩니다.

우리 선정위원들은 고전 읽기의 진정한 의미가 '옛것을 되살려 오늘을 새롭게 한다(溫故知新).'는 데 있다고 생각합니다. '청소년 철학창고'를 통해 자라나는 청소년들이 인간과 사물에 대한 깊은 통찰력을 키워, 밝은 미래를 열어 나갈 수 있기를 진정으로 바랍니다.

2005년 2월

선정위원 허우성(경희대 교수, 동양 철학)
정영근(서울산업대 교수, 한국 철학)
이남인(서울대 교수, 서양 철학)

윤찬원(인천대 교수, 동양 철학)
허남진(서울대 교수, 한국 철학)
한자경(이화여대 교수, 서양 철학)

들어가는 말

  절대로 변하지 않는 만고불변의 진리가 정말로 있을까?

  오늘날 초등학교 고학년 정도의 학생이라면, 지구와 여러 행성이 공전하는 중심에 태양이 자전하면서 한곳에 머물러 있다는 점이 그런 만고불변의 진리라고 말할지 모른다. 이와 반대로 만일 조선 시대의 선비였다면 태양과 여러 행성이 우리가 사는 땅을 도는 것이 그런 것이라 말했을 것이다. 하지만 태양이 지구 주위를 도는 것이 만고불변의 진리가 아니듯 회전하는 은하계의 일부인 태양조차 애초부터 한곳에 머물러 있지 않았다. 더구나 지구 또한 먼 훗날 태양과 함께 사라질 운명에 놓여 있지 않은가?

  이처럼 세상의 어떤 지식도 그 지식이 근거하는 세계관이나 방법론 안에서의 확신에 불과할 뿐이다. 그 세계관이나 학문 탐구 방법이 변하면 그렇게 세운 지식 체계 또한 무너질 수 있다. 그래서 어떤 특정한 방법론이나 세계관에 근거한 지식의 체계를 의미하는 패러다임의 변화가 인류의 정신적·지적 발전에 큰 영향을 미쳤던 것이다.

  지금으로부터 280여 년 전에 살았던 홍대용도 그런 지식 체계의 변화 과정을 온몸으로 겪었던 사람이다. 그는 기존의 지식 체계인 성리학적 세계관을 벗어난 새로운 지식 체계인 서구의 과학 이론을 접하면서 기존 학문에 대한 회의와 반성, 그리고 오랜 성찰을 통해 새로운 지식 체계를 받아들였다. 이 《의산문답》에 등장하는 허자와 실옹은 바로 그런 자신의 두 모습을 상징한다고 하겠다. 허자가 기존의 지식 체계에 갇혀 있던 인물이라면, 실옹은 새로운 지식을 비판적으로 받아들여 변화된 인물이다.

그런데 우리가 여기서 진실로 눈여겨보아야 할 것은 홍대용이 말하는 지식이 과학적으로 타당한지 여부가 아니라, 그가 가진 탐구 자세일 것이다. 사실 지식의 내용은 홍대용이 겪었듯이 패러다임이 변화하면 또 달라질 수도 있다. 하지만 어떤 상황에서든 사물을 제대로 탐구하려면 항상 창의적인 상상력과 열린 마음을 갖추어야 한다. 이 점에서 홍대용은 새로운 지식 체계에 대해서도 무조건 그것을 받아들이려 하지 않고 열린 자세와 비판적인 눈으로 이해하려고 했다.

그런 점이 바로 우리가 배워야 할 진정한 탐구 자세일 것이다. 특히 오늘날처럼 정보와 이론이 지나치게 넘치는 세상일수록 자기가 신봉하는 학문이나 사상 및 종교에 대한 확신, 그리고 그에 따른 오만과 편견을 내려놓고 열린 마음으로 이웃과 세상을 바라보는 상호 소통의 자세는 더욱 소중하다. 그런 점에서 홍대용이 《의산문답》에서 보여 준 자세는 좋은 본보기라고 할 수 있다.

아무쪼록 이 책을 통해 280여 년 전에 홍대용이 고민했던 세상의 진실이 무엇이었는지, 그리고 그에 도달하기 위해 어떤 자세를 가져야 하는지를 조금이나마 엿볼 수 있다면 필자는 제 몫을 다했다고 생각한다. 또 그와 같은 열린 자세를 갖는다면 세상이 조금은 나아지지 않을까 하는 희망도 품어 본다.

끝으로 이 책이 나오기까지 인내심을 갖고 기다려 준 도서출판 풀빛의 홍석 대표와 채희석 기획위원, 김재실 팀장, 그리고 여러 관계자께도 깊은 감사의 말씀을 드린다.

2015년 6월
이종란

| 차례 |

《의산문답》을 이해하는 데 필요한 배경 지식

성리학(性理學)

성리학이란 인간의 본성(性)과 하늘의 명령(命), 그리고 인간이 지켜야 할 마땅한 도리(義理)에 대한 학문이라는 뜻을 지닌 성명의리지학(性命義理之學)의 준말로, 성즉리(性卽理) 곧 인간의 본성이 바로 하늘의 이치라는 입장을 밝힌 학문을 말한다. 중국 송나라 시대에 기존의 불교와 도교 등의 사상에 맞서기 위해 유학 사상을 철학적으로 재해석한 새로운 유학을 가리키며, 북송의 주돈이(周敦頤)와 장재(張載) 및 소옹(邵雍), 정호(程顥)·정이(程頤) 형제를 거쳐 남송의 주희(朱熹, 1130~1200)가 집대성했다. 후세 유학자들은 주희를 높여 주자(朱子)라고 이르는데, 그의 이름을 따서 주자학이라고 부르기도 한다. 송나라 시대의 학문이라는 뜻에서 송학(宋學) 또는 정씨 형제와 주자가 큰 역할을 했다고 해서 정주학(程朱學), 그리고 세상의 근본 원리를 밝혔다는 의미에서 이학(理學)으로도 불렀다. 다른 사람이 아니라 주자에 의해 완성되었다는 의미에서 특별히 주자 성리학이라고 부르는 사람도 있다.

성리학은 이(理)·기(氣)·성(性)·정(情) 등의 용어를 가지고 자연과 인간을 철학적으로 설명하는데, 핵심 논리는 '인간의 본성이 곧 하늘의 이치'라는 성즉리다. 인간의 본성은 태어날 때부터 도덕적이고 윤리적인 것이며 그것은 하늘이 인간에게 부여한 이치, 즉 천리(天理)라는 주장이다.

성리학은 이후 원나라 시대부터 국가의 중심 사상으로 우뚝 섰으며, 조선 또한 성리학을 이념으로 삼아 건국된 나라였다. 그런데 조선 후기로 가면 성리학만 더욱 높이며 다른 학문은 배척하거나 형식적인 예법만을 중시하는 경향을 보였다. 이런 독단적인 학문 경향과 형식적인 명분론 때문에 조선 후기에 등장한 홍대용 같은 실학자들은 성리학의 문제점을 날카롭게 비판한다.

기(氣)

기는 전통적인 동아시아 문화와 철학의 주요 개념 가운데 하나로 그 역사는 아주 오래되었으나 학자마다 이 말을 사용하는 의미가 달라 한마디로 정의하기는 쉽지 않다. 약간 포괄적으로 말하자면 생명의 원천이요 만물의 바탕이라는 의미로 많이 사용되며, 물질과 정신 현상을 넘나드는 근원적 물질이나 존재를 뜻한다. 서양에는 기에 꼭 들어맞는 개념어가 없는데, 자연 과학에서 말하는 에너지라는 말이 그나마 비슷한 개념이라고 하겠다.

기는 시작도 없고 끝도 없으며 생기지도 없어지지도 않는 근원적인 존재다. 그래서 태초에 허공에 가득 차 있던 기가 엉기면서 사물의 물질적 바탕이 되는 형질(形質, 모양과 바탕)을 이룬다고 본다. 이렇게 형질이 생기면 기 또한 그 형질 속에 들어가 사물 고유의 작용을 한다. 그리고 기가 형질을 이루어 만물을 만든 다음, 만물의 생명이 다해서 형체가 사라지면 다시 원래 상태의 기로 돌아가 자연 속에 흩어진다고 설명한다. 이렇게 생명의 바탕을 이루는 기를 특별히 원기(元氣) 또는 정기(精氣)라고 부르기도 한다. 우리가 오늘날에도 흔히 쓰는 감기·열기·인기·기운 등이 모두 이 기와 연관된 낱말인데, 동아시아에서는 그만큼 널리 사용되던 개념이었음을 알 수 있다.

한편 기는 성리학에서 이(理)와 함께 중요한 철학 개념으로 쓰였다. 성리학에서 이는 만물의 원리나 이치를 뜻하고, 기는 만물을 이루는 물질적 근거 또는 도덕적 불선(不善)이 생길 수 있는 근거를 말한다. 그러므로 성리학에서 이와 기는 만물을 이루는 원리와 바탕을 의미했으며 결코 같은 것은 아니지만 분리할 수 없는 하나의 존재로 보았다. 다만 학자에 따라서 이를 더 근본적이라고 보아 이를 강조하기도 하고 반대로 기를 더 강조하기도 했는데, 주자 성리학을 신봉하던 조선 시대의 성리학자들은 이를 더 강조하는 편이었다. 그런데 홍대용처럼 과학의 이치를 추구한 실학자들은 도덕적 개념인 이보다는 물질적인 근원 존재를 의미하는 기를 더 강조했다고 볼 수 있다. 여기서 한 가지 유의할 것이 있다. 서양의 학문이 전해지면서 한문으로 번역된 서양의 4원소 가운데 하나인 기(氣)는 오늘날 공기를 뜻하는 말인데, 홍대용을 비롯한 당시의 학자들은 이 '기'라는 한자어 때문에 전통적으로 쓰던 기와 오해해 개념상의 혼동을 일으키기도 했다. 선교사들 역시 마찬가지였다. 그래서 그들은 4원소의 하나인 공기(기)만 만물의 근원이라고 할 수 없다는 식의 비판을 하기도 했다. 모두 오해에서 비롯한 실수다. 홍대용은 이 책에서 서양의 4원소인 흙(土)·물(水)·공기(氣)·불(火) 가운데 공기(기)를 따로 떼어 내 만물의 근원으로 삼고, 나머지 흙·물·불은 기가 만든 것이라는 식으로 설명하는데, 이때의 기는 전통적인 의미의 기를 뜻한다. 사실 공기는 기의 한 종류이긴 하지만 만물의 근원인 전통적인 기의 개념과는 완전히 다른 말이다.

음양(陰陽)

기는 그 속성에 따라 음기(陰氣)와 양기(陽氣)로 나누어 설명되는데, 음양 이론 역시 동아시아에서는 아주 오래된 역사를 가지고 있다. 음양은 원래 응달과 양달을 가리키는 말이었으나 차츰 자연과 사회 현상을 설명하는 철학 이론, 인간의 신체를 다루는 의학이나 예술 이론 등으로 전개되었다. 특히 《주역》에서는 음과 양의 움직임에 따라 세상 만물이 변화한다고 보았는데, 성리학에서도 《주역》의 이 같은 음양 이론을 받아들였다. 사물의 변화와 상태를 철학적으로 설명하는

데 편리했기 때문이다. 이를테면 밤은 음이며 낮은 양, 겨울은 음이 왕성하고 여름은 양이 왕성하다는 등 상반된 사물의 상태를 쉽게 설명할 수 있으며 음양의 교체나 역전에 따라서 사물의 변화를 밝힐 수 있었기 때문이다.

홍대용 역시 이런 전통적인 음양 이론에 따라 음은 땅, 양은 태양에 근거한다고 보았다. 다만 그는 서양의 과학적 지식에 근거해 햇빛의 많고 적음에 따라 음양으로 나뉜다고 설명한다. 음양 이론은 오늘날에도 한의학에서 인체의 특성을 설명하는 중요 이론 가운데 하나다.

오행(五行)과 상생(相生)·상극설(相剋說)

오행이란 기를 음양보다 더욱 자세하게 나누어 설명하는 개념으로 수(물)·화(불)·목(나무)·금(쇠)·토(흙)의 성질을 지닌 다섯 가지 기를 말한다. 오행설도 음양설만큼이나 그 역사가 오래되었다. 오행은 서양의 4원소와는 달리 만물의 성질을 나타내는 다섯 가지 기를 이르는 개념이었다. 성리학에서는 "태극에서 음양이 나오고 음양에서 오행이 나오며, 여기서 만물이 생긴다."고 말하며 만물의 생성 과정을 설명한다.

그러나 후대로 오면서 이 오행설을 기계적으로 적용해 사물을 도식적으로 이해하는 도구로 쓰기도 한다. 각각의 사물은 오행 가운데 하나의 성질을 가진다고 보거나, 한두 가지 우세한 기운을 가지고 특징을 설명하는 방식이 그것이다. 다음 표를 보면 그 내용을 쉽게 이해할 수 있을 것이다.

오행	목(木)	화(火)	토(土)	금(金)	수(水)
계절	봄	여름	늦여름	가을	겨울
오색	청색	적색	황색	백색	흑색
오방	동	남	중앙	서	북
오관	눈	혀	입	코	귀
오음	각(角)	치(徵)	궁(宮)	상(商)	우(羽)
오미	신맛	쓴맛	단맛	매운맛	짠맛
오장	간장	심장	비장	폐장	신장
오취	누린내	탄내	향내	비린내	썩은 내
오상	인(仁)	예(禮)	신(信)	의(義)	지(智)

오행과 사물

이렇게 오행은 자연에 대한 해석이나 의학과 예술은 물론 택일(擇日)·택지(擇地) 등의 일상생활이나 행사 등 문화 현상 전반에 두루 이용되는 개념이었다.

한편 오행 이론은 철학적으로는 오행의 상생설과 상극설로 전개된다. 상생이란 오행이 순환할 때 부모와 자식처럼 서로 낳는 관계 또는 서로 도와주는 관계로 진행하는 경우를 말한다. 이를테면 나무

(목)는 타면서 불(화)을 낳고, 불(화)은 물건을 태워 재(토)를 낳으며, 흙(토) 속에서 쇠(금)가 나오고, 차가운 쇠(금) 끝에 물방울(수)이 생기며, 물(수)은 나무(목)를 적셔 키우듯이 뒤에 오는 것을 낳거나 키워 주는 관계의 선순환이 상생이다.

상극은 물(수)이 불(화)을 끄고, 불(화)은 쇠(금)를 녹이며, 쇠(금)로 나무(목)를 자르고, 나무(목)를 쌓아 흘러내리는 흙(토)을 막으며, 흙(토)으로 둑을 쌓아 물(수)난리를 막는 것처럼, 상대를 극복해서 이긴 자가 상대를 계승하거나 역순환하는 관계로 진행되는 경우를 말한다. 이것은 중국의 왕조 교체 등이 타당함을 밝히는 이론에도 활용되었는데, 이를테면 한나라 고조는 적제(赤帝)의 후손(화의 기운)으로 백제(白帝)의 후손(금의 기운)인 진나라 왕실을 극복하고 이어받는다는 식이다. 그래서 상극 관계는 서로 적대적인 관계로 좋지 않다고 보았다. 특히 의학에서 약제의 처방과 배합, 혼례에서 남녀의 궁합, 그리고 개개인의 성격 분석 등에 활용되었다.

그런데 후대에 와서는 상극설과 상생설을 활용한 온갖 미신이 길흉화복설과 결합해 일종의 점복술로 나아가는 바람에 그 원래의 취지는 퇴색되고 도리어 자연 과학의 발전을 저해하는 요인으로 작용하기도 했다. 하지만 오행 이론을 완전히 무가치하며 비과학적인 미신이라고만 여겨서는 안 된다. 오늘날에도 여전히 음양설과 함께 한의학에서 주요 개념으로 사용되며, 전통 예술이나 민속 등 문화 현상에도 그 의미가 살아 있는 전통 사상이기 때문이다.

노자(老子)와 장자(莊子)

노자와 장자는 춘추 전국 시대의 사상가로 노자가 장자보다 앞 시대에 살았다. 두 사람의 사상을 합쳐 노장사상이라 하고, 이들 학파의 사상을 도가사상이라고 부른다. 도가사상은 인간의 인위적인 활동을 배격하고 자연적인 삶을 최상의 상태로 존중한다. 노자와 장자두 사람의 사상에는 약간의 차이가 있다. 노자는 자연적인 원리인 도를 중시해 그것을 따르자고 주장한다. 그것을 보통 무위자연(無爲自然) 또는 무위(無爲)라고 표현하는데, 이는 억지로 함이 없는 것, 곧 자연스런 도의 흐름에 자신을 내맡기는 것을 말한다. 반면 장자는 보다적극적인 입장에서 모든 차별적인 앎이나 태도를 넘어서서 인간과만물은 모두 똑같은 존재이니 만물과 하나가 되어야 한다는 만물제동(萬物齊同)을 주장하면서 절대적인 자유의 경지에 이르러야 한다는점을 강조한다. 중국의 민간 종교인 도교는 이 도가학파에 사상의 뿌리를 두고 등장한다. 도교는 신선술이나 연단술을 통한 무병장수를강조하는데, 도교는 이런 노장사상을 끌어들여 불로장생하고자 하는욕망에 활용했다.

한편 도가사상에서는 유가사상에서 말하는 인의(仁義)를 인위적인행위로 보기 때문에 둘은 서로 상대를 비판하는 관계였는데, 성리학을 통치 이념으로 삼았던 조선 시대에 노장사상을 이단으로 배척한 것도 그런 까닭이었다. 그러나 비공식적으로 공부하는 선비들이 상당히 있을 정도로 도가사상은 정신과 육체를 수양하는 방법으로 활용되기도 했다. 《의산문답》에도 장자의 사상이 많이 녹아 있는데, 성리학의 독단적인 태도를 극복하고 서양 과학을 수용하기 위해 노장사상과 같이 상대적인 가치관을 주장하는 이론을 활용한 것으로 보인다.

도교(道教)와 신선술(神仙術)

도교는 한나라 후기부터 도가사상을 이용한 중국의 민간 신앙이다. 대부분 전설상의 황제와 노자를 교조로 삼지만 무위자연을 내세우는 도가사상과는 달리 주로 신선술과 불로장생(不老長生)을 추구한다.

신선술도 역사가 길어 한마디로 말하기는 그리 간단하지 않지만, 쉽게 말해 늙지 않고 오래 사는 불로장생의 신선이 되고자 하는 일종의 술법을 말한다. 여기에는 도사가 제조한 신비한 약인 단약(丹藥)을 먹어 신선이 되는 외단(外丹)과 수련을 통해 신선이 되는 내단(內丹)의 두 가지 방법이 있다. 원초적인 정기(精氣)를 지닌 태아가 배 속에서 호흡하는 방식에서 착안한 태식(胎息) 같은 단전호흡(丹田呼吸)을 통해 생명의 원천이 되는 외부의 정기를 단전에 모아 불로장생하려는 것이 내단 수련법이다.

이런 신선 사상의 뿌리는 도가 사상서인 《장자(莊子)》에도 부분적으로 언급되어 있다. 《장자》〈소요유(逍遙遊)〉편에 보면, 막고야산(藐姑射山)에 있는 신인(神人)은 오곡(五穀)을 입에 대지 않고 바람과 이슬을 마시며 피부는 처녀 피부처럼 곱고 공중을 난다는 표현이 나오는데, 장자는 이런 사람을 지인(至人)이나 진인(眞人)이라고 표현했다. 말하자면 진인은 도교의 신선과 비슷한 존재를 의미했다. 홍대용은 도가 사상에서 말하는 만물제동의 상대적인 관점을 받아들였지만, 신선이 되고자 하는 것은 인간이 오래 살려는 욕망과 관련된다고 보고 신선술이나 불로장생에 대해서는 비판적인 입장이었다.

양명학(陽明學)

명나라 중기에 태어난 왕수인(王守仁, 1472~1528)은 선불교와 도가 사상의 영향을 받아 기존 주자 성리학의 이론을 비판하고 보완해 새로운 유학을 만들었는데, 이 학설을 그의 호를 따서 양명학이라 부른다. 양명학의 주요 논리는 '인간의 본심이 곧 하늘의 이치'라는 송나라 시대 육구연(陸九淵)의 심즉리(心卽理) 이론을 이어받았으며, 이 본심을 양지(良知)라 불렀다. 양지는 원래 《맹자(孟子)》에 나오는 용어로 인간이 태어나면서 가지고 있는 선한 마음이나 도덕을 판단하는 능력을 뜻한다. 양명학은 실천을 중시했는데, 그래서 앎과 실천이 하나라는 지행합일(知行合一)과 양지를 실천하기 위해 일상의 일에서 갈고닦는다는 사상마련(事上磨鍊)을 주장했다. 조선에서는 퇴계 이황(李滉)이 《전습록변(傳習錄辨)》을 써서 양명학을 비판한 뒤로 이단으로 취급되었다. 그러나 조선 후기에는 정제두(鄭齊斗) 같은 학자들이 몰래 공부해 하나의 학파를 이루기도 했다. 이 책에서도 주인공인 실옹(實翁)이 본마음인 실심(實心)을 주장한 것으로 미루어 양명학의 영향을 받은 것으로 본다.

주역(周易)

유교 경전 가운데 하나로 《역경(易經)》 또는 《역(易)》이라고도 한다. 원래는 점치는 책이었는데 공자가 전(傳)이라는 해설을 덧붙이면서 유학의 주요 경전이 되었고, 성리학 이론을 세우는 데 큰 역할을 했다. 최근까지 점치는 데 활용되기도 한다.

《주역》에는 64괘를 나타내는 기호와 그 기호를 풀이하는 글인 괘사(卦辭)와 효사(爻辭), 그리고 공자가 풀이했다는 전(傳)이 있다. 기호에는 효와 괘가 있는데, 효에는 –로 나타내는 양효와 --로 나타내는 음효가 있다. 양효와 음효를 각각 세 개씩 포개면 여덟 가지의 8괘가 만들어지는데, 이를테면 건(乾, ☰: 天), 태(兌, ☱: 澤), 이(離, ☲: 火), 진(震, ☳: 雷), 손(巽, ☴: 風), 감(坎, ☵: 水), 간(艮, ☶: 山), 곤(坤, ☷: 地)이 그것이다. 그러나 실제로 점을 칠 때는 64괘로 하는데, 64괘는 8괘를 다시 각각 두 개씩 포개서 만든다.

《주역》의 중심 사상은 만물은 변화한다는 역(易)에 있다. 이것을 다시 괘를 중심으로 설명하자면 맨 아래 효에서 두 번째 효로 변화가 진행되면서 최종적으로 맨 위의 여섯 번째 효까지 변화가 미친다고 보는 방식이다. 이런 식으로 64괘를 가지고 인간사와 세상의 이치를 설명한다.

이 책에서 "동지 때 하나의 양이 생기고 하지 때 하나의 음이 생긴다."라는 말은 《주역》의 복괘(復卦: ䷗) 및 구괘(姤卦: ䷫)와 관계된 말이다. 복괘는 위의 다섯 효가 음효이고 맨 아래가 양효로 동지를 상징하는 반면, 구괘는 거꾸로 위의 다섯 효가 양효이나 맨 아래가 음효로 낮이 가장 긴 하지가 들어 있는 음력 5월을 상징한다. 이렇게 동지와 하지가 맨 아래에 양효와 음효를 갖고 출발하기 때문에 하나의 양과 음이 생겨난다고 말했다.

사서오경(四書五經)

사서는 송나라 때 확립된 유교의 핵심 경전 네 가지를 말한다. 곧 《논어(論語)》·《맹자》·《중용(中庸)》·《대학(大學)》의 네 책이다. 《논어》는 공자와 그 제자들의 말과 행적을 엮은 책이고, 《맹자》 또한 맹자와 그 제자들의 대화와 행적을 엮은 책이다. 《대학》과 《중용》은 원래 각각 《예기(禮記)》의 한 편이었는데, 송나라 때 별도의 책으로 분리시킨 것이다. 이렇게 분리시킨 까닭은 두 책이 인간의 본성이나 하늘의 도리 등 철학적인 내용을 많이 담고 있어서였다. 원래 《대학》은 공자의 제 자인 증자(曾子)가, 《중용》은 공자의 손자인 자사(子思)가 지은 것으로 알려졌으나 확실한 것은 아니라고 본다.

오경이란 공자가 이전부터 전해 오던 문헌을 정리해서 편찬한 것 으로 알려진 《시경(詩經)》·《서경(書經)》·《역경》·《예기》·《춘추(春秋)》를 말하는데, 없어진 《악경(樂經)》을 포함해 육경이라고도 한다. 《시경》 은 전부터 민간 등에 전해 오던 노래와 시 모음집이고, 《서경》은 춘추 시대 이전의 여러 제도와 역사 등을 다룬 책이며, 《역경》 곧 《주역》은 세상의 이치와 변화를 다룬 점술서이고, 《예기》는 제례와 예법을 다 룬 책이며, 《춘추》는 공자가 엮은 노나라 역사책이다. 이 가운데 《역 경》은 《대학》, 《중용》과 더불어 성리학의 철학적 논리를 제공한 문헌 이라고 할 수 있다.

기화(氣化)와 형화(形化)

기화와 형화는 인간을 포함한 세상의 사물이 어떻게 생겨났느냐는 물음에 대한 답으로 나온 개념이다. 초월적인 창조주를 인정했던 서 구와 달리 창조론을 믿지 않는 동아시아 철학에서는 기를 가지고 세 상 만물의 생성과 소멸을 설명했다. 여기서 기화(氣化)는 생물이 기로 부터 직접 생성되는 것을 말하고, 형화(形化)는 기화에 의해 생겨난 생물의 암컷과 수컷이 짝짓기를 통해 유전적으로 후손을 이어 가는 것을 말한다.

이런 기화와 형화 개념은 성리학 이론에서 나왔는데, 태초의 태극에서 음양과 오행이 나오고 음양과 오행의 기가 서로 작용하면서 만물이 생성한다는 태극 이론이 그 바탕이다. 그런데 《의산문답》에서 홍대용은 태극과 음양, 오행의 기를 말하지 않고 바로 기에서 만물이 저절로 생겨났다고 말한다. 말하자면 홍대용은 주자 성리학의 만물 생성 논리를 따르지 않았다.

천원지방(天圓地方)

천원지방이라는 말은 이를테면 옛사람들이 《천자문》에서 우주(宇宙)라는 글자를 읽을 때 '집 우' '집 주'라고 말하는 것처럼 우주를 집이라고 생각한 것과 관계된다. 옛날에는 천체를 뜻하는 우주를 집 모양으로 생각했는데, 지붕은 둥글고 집은 네모진 옛날의 초가집과 같다고 여긴 것이다. 그러니까 둥근 하늘이 네모진 땅을 뒤덮고 있는 모양새다. 이런 천원지방설은 하늘이 땅을 뒤덮고 있다고 해서 개천설(蓋天說)이라고도 불렀다.

개천설에서는 하늘이 북극을 중심으로 동쪽에서 서쪽으로(왼쪽으로) 돌고 땅은 정지해 있으며, 해와 달은 서쪽에서 동쪽으로 회전한다고 보았다. 이는 마치 맷돌을 돌리는 것과 같다고 해서 하늘을 맷돌에,

해와 달은 맷돌에 붙은 개미에 비유해서 설명한다. 이를테면 맷돌은 왼쪽으로 돌고, 개미가 그 표면에 붙어서 오른쪽으로 기어가더라도 맷돌의 회전이 개미의 걸음보다 빨라서 개미도 왼쪽으로 도는 것처럼 보인다는 것이다. 곧 해와 달은 실제로는 서쪽에서 동쪽으로(오른쪽으로) 가는데, 하늘의 회전 때문에 동쪽에서 서쪽으로 움직이는 것처럼 보인다는 뜻이다.

그러나 뒷날 개천설의 문제점이 드러나자 둥근 하늘이 물에 싸여 있는 네모난 땅을 마치 계란의 노른자를 껍질이 둘러싸는 모양처럼 덮고 있다고 설명하는 혼천설(渾天說)이 등장한다. 비록 이론적으로는 조금 나아졌으나 이 또한 여전히 하늘은 둥글고 땅이 네모지다는 생

개천설

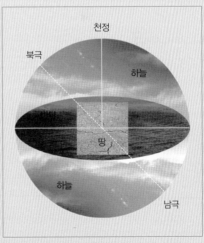

혼천설

각에는 변함이 없는 우주관이었다. 개미와 맷돌의 비유도 혼천설에 그대로 채용(採用)되었다.

혼천설도 땅은 정지해 있으며 평면이고, 하늘은 남북극을 축으로 수레바퀴처럼 회전한다고 보았다. 그래서 혼천의(渾天儀)라는 기구를 만들어 천체의 운행과 위치를 관측했다. 이것은 실제로 지구에서 우주를 관측하는 데는 유용하다.

어쨌든 개천설이든 혼천설이든 땅은 정지해 있고 하늘이 돈다고 믿었으니 모두 천동설에 속하는 이론들이다.

분야설(分野說)

분야설은 고대 중국 점성술의 기초 이론 가운데 하나로 천원지방의 천체 이론을 바탕으로 성립된 것이다. 원래 점성술이란 하늘에 떠 있는 별의 이동이나 변화를 가지고 땅 위에서 일어나는 일을 점치는 행위를 말한다. 다시 말해 전쟁의 승패나 왕조의 흥망, 지배자의 운명, 가뭄·홍수·기근 등에 관한 조짐을 일식과 월식, 햇무리나 달무리, 여러 행성이나 별의 이동 또는 위치 관계, 신성·혜성·유성의 출현 등에 따라 점치는 일이었다.

여기서 분야설은 하늘을 서쪽에서 동쪽으로 12등분한 12차 또는 하늘 전체를 28개의 별자리로 나누고 그것에 맞추어 중국의 9개 지역을 배정한 다음, 배정된 별의 변화에 따라서 별과 대응하는 위치에 있는 각 나라의 길흉이 결정된다고 본 이론을 말한다.

천원지방의 분야설에서는 네모진 땅을 둥근 하늘에 관계시키는데, 겹치는 부분이 중국, 겹치지 않는 부분이 오랑캐의 땅이라 보았다.

그런데 이런 별자리와 땅의 대응에는 문제가 발생하게 되어 있었다. 원래 천원지방설에 따르면 하늘은 둥글고 땅은 네모난 것이니, 둥근 하늘이 네모난 땅을 온전히 덮을 수 없어 대응하지 않는 지역이 생기기 때문이다. 이를테면 그림처럼 둥근 우산으로 사각형의 땅을 가린다고 해 보자. 이때 우산으로 가려지지 않는 네 모퉁이가 있다.

이런 문제점을 해결하기 위해 그 네 모퉁이를 사이(四夷), 곧 동이(東夷)·서융(西戎)·남만(南蠻)·북적(北狄)이라는 네 오랑캐의 땅으로 분류

천원지방의 분야설에서는 네모진 땅을 둥근 하늘에 관계시키는데, 겹치는 부분이 중국, 겹치지 않는 부분이 오랑캐의 땅이라 보았다.

했다. 그래서 분야설은 중국이 세계의 중심이라는 화이론(華夷論)의 기초 이론 가운데 하나로도 자리 잡았다.

만일 하늘의 별자리를 땅에 관계시키지 않았다면 하늘을 상세하게 구분한 분야도(分野圖) 자체로는 훌륭한 천문도가 될 수 있었다. 문제는 그것을 지상에 있는 지역이나 인간의 길흉과 연결시켰다는 점이다. 곧 하늘의 일과 인간의 일이 서로 관계된다는 천인상감(天人相感)의 이론에 따른 것이기는 하지만 근대 이후에는 이 이론 자체를 비과학적인 것으로 보았다. 따라서 하늘의 별자리와 지구의 특정 지역을 대응시킨 분야설과 그에 따라 중국과 오랑캐를 구분하는 화이론은 틀린 이론이라는 것이 홍대용의 생각이었다.

풍수지리(風水地理)

풍수지리설은 묏자리, 집터, 궁궐터, 도읍지 등을 땅의 지세와 연결시켜 길흉을 판단하는 사상으로 우리 역사에서도 그 뿌리가 꽤 깊다. 풍수지리설에는 분명 허황된 것이 있으나 유익한 측면도 있기 때문에 모두 틀렸다고 보는 것은 올바른 생각이 아니다. 이를테면 집터나 도읍지를 정할 때는 자연과 인간의 관계를 고려해야 하고, 또 인간의 정치나 경제 생활에서도 지리적 여건을 중시해야 하는 점은 분명히 있다. 조선 후기의 실학자 이중환(李重煥)이 지은 《택리지(擇里志)》는 사람이 살 만한 지형을 논한 책인데, 풍수지리설과도 관계가 있지만 지리적 여건과 인간의 총체적인 삶을 다룬다는 측면에서 보면 합리적인 관점도 많이 들어 있다. 오늘날에도 풍수지리를 연구하거나 종사하는 사람들이 있는데, 묏자리와 같이 후손의 길흉과 연결시키는 미신적 요소에는 문제가 있으나 집터 등을 선택하는 데 자연과의 조화를 추구했다는 점에서는 그 나름의 타당성이 있다고 하겠다. 홍대용 역시 당시 양반층이 묏자리 같은 풍수지리의 미신적인 요소를 믿어서 묏자리를 둘러싸고 서로 소송을 벌이는 등 사회적인 문제를 일으킨 것에 대해 강력하게 비판한다.

화이론(華夷論)

문명과 야만을 중국 중심으로 구분하는 논리다. 여기서 문명을 뜻하는 화(華)는 중화(中華) 곧 중국을 뜻하며, 야만을 뜻하는 이(夷)는 오랑캐 즉 중국 사방에 있던 동이·서융·남만·북적의 네 오랑캐와 그것을 자세하게 나눈 아홉 오랑캐인 구이(九夷)를 말한다.

과거 중국인들은 자기들만이 세계의 중심이며, 오랑캐는 주변의 야만인으로 자신들에 의해 교화나 은혜를 받는 대상이라고 여겼다. 이런 사상은 중국이 오랑캐가 갖지 못한 뛰어난 예절과 제도를 갖추고 있어서 그 교화가 사방에 미친다는 생각에서 나왔으며, 중국이 이민족의 침략을 받을 때 특히 그런 사상이 강화되기도 했다. 이런 생각을 중화사상(中華思想)이라고도 부르는데, 중국이 주변 이민족을 대항

할 수 있는 힘을 지닌 제국으로 성장한 한나라 시절부터 본격적으로 강화되었다.

한편 조선 중기에 중화의 상징인 명나라가 멸망하고 오랑캐인 여진족의 청나라가 중국을 지배하자, 조선의 사대부들은 중국이 오랑캐의 나라가 되었다고 보고 이제 중국의 예법과 문화를 지닌 조선이야말로 중화 문명의 계승자라고 생각해 소중화 의식을 내세운다. 그래서 겉으로는 청나라를 섬기는 척하면서도 속으로는 그들을 오랑캐로 여겨 청나라 문물을 깔보거나 받아들이지 않았다.

반면 홍대용은 '중화와 오랑캐는 같다.'라는 화이일야(華夷一也)의 논리를 주장하면서 조선 사대부들의 소중화론을 비판한다. 그 판단의 근거로 지구는 둥글고, 우주도 중심이 없어서 각자가 있는 곳이 모두 중심이 될 수 있다는 과학적 사실을 제시한다.

오륜(五倫)·오성(五性)·오사(五事)

오륜은 아버지와 자식 사이에는 친함이 있어야 한다는 부자유친(父子有親), 임금과 신하 사이에는 의리가 있어야 한다는 군신유의(君臣有義), 어른과 아이 사이에는 차례가 있어야 한다는 장유유서(長幼有序), 부부 사이에는 구별이 있어야 한다는 부부유별(夫婦有別), 친구 사이에는 믿음이 있어야 한다는 붕우유신(朋友有信)의 다섯 가지 윤리로, 《맹자》에 처음 등장한다.

오성이란 인간이 본디부터 가지고 있다고 성리학에서 말하는 인(仁, 사랑)·의(義, 정의)·예(禮, 예의)·지(智, 지혜)·신(信, 믿음)의 다섯 가지 본성이다. 성리학에서는 오륜과 오성을 인간이 선천적으로 가지고 태어나는 것이니 반드시 지켜야 하는 하늘의 이치, 곧 천리(天理)라고 본다.

오사(五事)란 외모(貌), 말(言), 보는 것(視), 듣는 것(聽), 생각하는 것(思)을 이르는 말이다. 외모는 공손해야 하고, 말은 조리 있어야 하며, 보는 것은 밝아야 하고, 듣는 것은 분명해야 하며, 생각하는 것은 지혜로워야 한다는 《서경》〈홍범(洪範)〉 편에 나오는 다섯 가지 행위 규범이다.

서학(西學)

17~18세기 서양에서 중국에 전래된 종교와 학문과 문물을 총칭해서 일컫는 말로, 좁게는 천주교 선교사들이 전한 교리나 종교를 의미하는 말이었다. 여기에는 종교(천주교)에 관한 것과 철학·과학·수학·지리·기술 등 중세 말기부터 르네상스 시기까지의 학문 전반에 걸친 내용이 들어 있으며, 그 뿌리는 멀리 아리스토텔레스와 유클리드, 피타고라스 등의 그리스 학문에까지 닿아 있다.

조선에 서학이 전파된 것은 중국에 다녀온 사신 일행을 통해서였는데, 당시 지식인인 양반층은 종교(천주교)까지 믿는 부류, 종교는 믿지 않고 과학과 학문만 취하는 부류, 모두 배척하는 부류로 나뉘었다. 조선 정부는 처음에는 천주교나 서양 학문에 대해 방관하는 입장이었으나 순조 시대부터 천주교를 믿는 사람을 배척하고 박해했다. 홍대용은 종교는 믿지 않고 과학과 학문만 받아들인 부류에 속한다.

《건곤체의(乾坤體義)》

16세기 후반부터 중국에 들어와서 활약한 이탈리아 예수회 선교사 마테오 리치(Matteo Ricci, 중국 이름 이마두利瑪竇)가 지은 책이다. '건곤'은 하늘과 땅을 뜻하며 '체의'는 체득한 뜻 또는 몸체가 되는 뜻이니, 지구와 천체를 밝힌 과학 책이라고 할 수 있다. 세 권으로 이루어졌고, 지구 중심의 천체론인 혼의설(渾儀說)이나 11중천설(十一重天說)을 따르며, 4원소설과 지구 구형설(地球球形說) 등의 이론과 세계의 기후, 지구의 경도와 위도, 지구와 달과 태양의 크기 비교, 달과의 거리 등을 측정하는 기하학과 수학 등의 내용이 포함되어 있다. 홍대용은 여기에 등장하는 내용 가운데 상당 부분을 받아들였다. 이 밖에도 큰 영향을 미친 서학 자료에는 마테오 리치가 제작한 〈곤여만국전도(坤輿萬國全圖)〉라는 세계 지도가 있다. 여기에도 세계 지리와 4원소설 및 9중천설, 일식과 월식의 도해 등이 등장한다. 조선에서도 조정의 관료나 선비들이 참고한 자료였다.

《공제격치(空際格致)》

이탈리아 선교사 알폰소 바뇨니(Alfonso Vagnoni)가 중국에서 선교 활동을 하는 동안 한문으로 풀어 1633년에 펴낸 책이다. 공제(空際)란 오늘날의 우주를 포함한 공중 또는 대기를 말하며, 격치(格致)란 《대학》의 격물치지(格物致知)에서 따온 말로 사물에 대한 깊은 연구를 통해 앎에 이르는 것을 말한다. 이 책의 성격을 한마디로 말하면 아리스토텔레스의 자연 과학적 지식과 형이상학적 논리를 기본으로 하고, 17세기 초까지 알려진 서양의 과학적 지식과 경험을 근거 자료로 삼아 천주교의 신학 이론을 옹호한 글이라 할 수 있다.

과학적인 내용이 《건곤체의》보다 더 자세하고 꼼꼼하게 등장하는데, 두 책이 중복되는 내용도 많다. 4원소설, 지구 중심설, 천동설, 오행설 비판 및 지구 상에서 일어나는 기상 현상 등에 대한 설명이 들어 있다. 물론 오늘날의 입장에서 볼 때 맞지 않는 것도 있는데, 그런 내용 가운데 가장 대표적인 것이 지구 중심의 천동설이다. 홍대용은 이 책을 상당 부분 참고했는데, 이 책의 천동설에는 동의하지 않고 뒤에 나오는 티코 브라헤(Tycho Brahe)의 수정 천동설과 자신의 지전설을 결합시킨다.

4원소설

근대 과학이 등장하기 전까지 서양에서 만물을 구성한다고 생각한 것은 물, 불, 흙, 공기의 4원소였다. 한자로는 사행(四行)이라고도 쓴다. 이것은 엠페도클레스의 이론을 아리스토텔레스가 발전시킨 것으로 우주의 만물은 흙, 물, 공기, 불의 네 원소로 이루어졌다고 보는 학설이다. 이를테면 나무의 경우를 예로 들어 보면 물이 들어 있고, 태우면 기체(공기)와 불이 나오고, 타고 나면 재(흙)가 되므로 4원소로 되어 있다고 설명한다.

지구에서 4원소의 위치는 맨 아래가 땅으로서 흙, 그 위가 물, 그다음이 공기, 맨 위에 불의 층이 있다고 믿었다. 불의 층은 평소에 보이지 않으나 유성이 보일 때 불덩어리가 나오는 것을 보고 확인할 수 있다고 말한다. 또한 4원소는 저마다 고유한 성질을 가지고 있는데, 땅은 차고 건조하며 물은 습하고 차고, 공기는 따뜻하고 습하며 불은 건조하고 뜨겁다고 한다.

홍대용은 이런 서양의 4원소설을 자기 나름대로 수정해서 받아들였다. 서양에서는 기를 단순히 공기로 여겼지만, 홍대용은 전통적인 견해에 따라 기를 나머지 셋을 아우르는 만물의 근원이라고 보았다. 그러니까 홍대용은 전통적인 동양의 기 이론에 따라 만물의 근원인 기가 먼저 있고, 기가 생성한 흙과 물과 불이 만물을 구성하는 원소로 작용한다고 주장한다.

삼혼설(三魂說)

삼혼설이란 고대 그리스의 철학자 아리스토텔레스가 영혼을 설명하면서 식물의 영혼, 동물의 영혼, 인간의 영혼이 따로 있다고 주장한 데서 나온 용어다. 그가 말하는 영혼이란 오늘날 우리가 말하는 영혼이 아니라 일종의 생명 현상을 뜻하는 말이었다. 그러니까 식물에게는 영양 섭취의 영혼만 있고, 동물에게는 영양을 섭취하고 이동하고 감각하는 영혼이 있으며, 인간에게는 영양을 섭취하고 이동하며 감각하고 생각하는 영혼이 있다는 주장이었다. 이것을 각각 식물혼, 동물혼, 인간의 영혼이라 부른다.

이와 유사하게 동양의 순자(荀子, 기원전 298?~기원전 238?)도 물과 불에는 기(氣)가 있고, 식물에게는 생명만 있으며, 동물에게는 생명과 앎이 있고, 인간에게는 생명과 앎과 의리(이성)가 있다고 말한 바 있다. 홍대용은 이 이론을 받아들여 식물은 감각적인 앎은 있으나 깨달음이 없고, 동물은 깨달음은 있으나 인간처럼 지혜가 없다고 주장했다.

천구

모든 천체는 관측자를 중심으로 보면 커다란 구(球)에 달라붙어 있는 것처럼 보이는데, 이것을 천구라 한다. 그러나 실제로는 이러한 구가 있는 게 아니라 다만 가상의 구를 설정한 것일 뿐이다. 그 때문

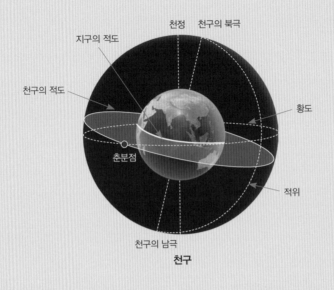

천구

에 천구에서는 거리는 무시하고 방향만 가지고 판단한다. 천구의 적도와 남북극, 그리고 경도와 위도가 사실상 지구의 적도와 남극과 북극, 그리고 경도와 위도에서 그 연장선을 그리면 정확하게 일치하는 것도 그런 까닭에서다.

그림에서 황도는 천구 상에서 태양이 한 해 동안 지나는 길이다. 이것은 지구에서 관측하는 것을 기준으로 보기 때문에 천동설의 입장에서 주장하는 천체와도 내용이 똑같다. 결과적으로 관측자의 입장에서 천구의 중심에 지구의 중심을 일치시킨 것인데, 천체를 이해하는 데는 도움이 된다. 동아시아에서 사용되는 혼천의(渾天儀)도 이 원리와 동일한데, 다만 중심의 지구를 둥글지 않고 네모난 것으로 본다.

이렇게 천구를 가정하면 천정(天頂)과 천극의 각도만 알면 같은 경도 상에 있는 지상의 두 지점의 거리까지 구할 수 있다. 천정이란 관측자를 지나는 연직선이 위쪽의 천체와 교차하는 점인데, 지구의 둘레를 알고 있으므로 두 지점 사이의 중심각만 알면 비례식에 의해 두 지점 사이의 거리를 계산할 수 있다. 홍대용도 《의산문답》에서 이런 방법으로 거리 계산을 했다.

일식(日蝕)과 월식(月蝕)

일식과 월식에 대해서는 동서를 막론하고 예로부터 그 기록이 있지만, 그 현상에 대한 설명 방식이나 그에 대응하는 방식에는 차이가 있었다. 우리나라와 중국 등 동아시아에서는 일식과 월식을 점복술과 연관시켜 인간사의 재난 및 이변 등과 관계가 있다고 여겨서 그 재앙을 피하기 위한 의식을 치렀다.

그러나 서학에서는 일식과 월식이 태양과 달과 지구의 위치 관계에 따라 생겨나는 자연적인 천문 현상이며 지구에서 정치적으로 정상이거나 혼란스러워지는 치란(治亂)과는 관계가 없다고 보았다. 곧 일식과 월식은 태양과 달과 지구가 일직선 상에 놓였을 때 달이나 지구가 태양이나 달을 가리면서 생기는 자연 현상일 뿐이라는 주장이다. 달이 태양을 가려서 지상에 달의 그림자가 드리우는 현상이 일

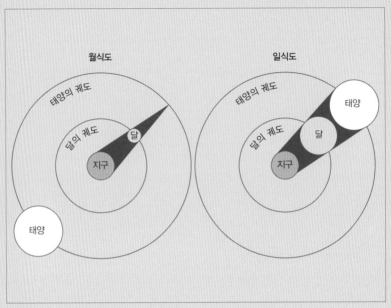

일식도와 월식도: 지구는 정지한 채 태양과 달이 지구를 도는 천동설을 반영하고 있다(마테오 리치의 〈곤여만국전도〉에서).

식이고, 지구가 달을 가려서 달에 생기는 지구의 그림자가 월식이다.

그런데 선교사들이 전한 일식과 월식 이론은 지구가 우주의 중심이고, 태양과 달이 지구를 공전하는 천동설의 입장에서 설명한 것이다. 물론 천동설이든 지동설이든 태양과 지구의 위치만 바꾸면 그 결과는 같기 때문에 그 원리가 바뀔 여지는 없다. 그림에 보이는 일식과 월식은 천동설에 근거한 것으로, 오늘날 우리가 생각하는 것과 정반대로 지구가 중심으로 설정되어 있다. 홍대용 역시 태양과 달이 지구를 돈다고 보았기 때문에 이 입장을 받아들인다.

천동설과 지동설

천동설은 고대부터 지구를 중심으로 하늘이 돈다고 생각한 우주관이다. 동아시아에서는 개천설과 혼천설이 그것이며, 서양에서는 아리스토텔레스 이후 프톨레마이오스가 체계화해 중세 말까지 통용되던 9중천설이 대표적인 천동설이다. 그러나 이러한 천동설에 따라 지구에서 관측할 때 때로는 행성이 평소와 다르게 뒤로 가는 역행 운동이 일어나기 때문에 이론 자체에 문제가 있었다.

지동설은 16세기에 코페르니쿠스가 주장했으나 크게 주목받지 못하다가 갈릴레이가 망원경으로 관측한 다음 그것을 뒷받침하는 근거를 제시하면서 부각되기 시작했다. 그러나 코페르니쿠스의 우주론(지동설)은 중세의 9중천설에서 지구와 태양의 위치만 바뀐 것이어서 갈릴레이나 오늘날의 학자들이 말하는 우주론과는 다르다.

오늘날의 이론에 따르면 태양계의 행성은 태양을 중심으로 모두 같은 평면 상에서 저마다의 주기와 궤도를 따라 같은 방향으로 회전한다고 본다. 이러한 운동은 태양계 밖의 별들과는 무관하게 일어나는 현상인데, 태양계가 속한 은하계 자체도 운동하므로 태양도 전체 우주에서 본다면 태양계의 행성들처럼 움직이는 구조인 셈이다. 홍대용은 동양인 최초로 지구가 스스로 돈다는 지전설(地轉說), 곧 지구 자전설을 주장한 것으로 알려졌지만, 그보다 앞서 김석문(金錫文, 1658~1735)이 주장했다는 주장도 있다. 어쨌든 지구가 태양의 주위를

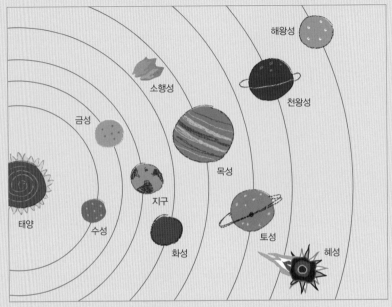

지동설에 따른 태양계의 행성들

공전한다는 지동설에 입각한 주장은 아니었다. 그는 티코 브라헤의 수정 천동설에다 자신의 지전설을 결합했기 때문에 그의 지구 자전설은 코페르니쿠스의 지동설과는 상당한 차이가 있다고 하겠다.

9중천설(九重天說)

지구가 우주의 중심이며, 지구를 중심으로 9개의 천체(하늘)가 자리 잡고 있다고 보는 이론이다. 지구를 가운데 놓고 달, 수성, 금성, 태양, 화성, 목성, 토성 그리고 여러 별이 속한 항성천(또는 경성천)과 그

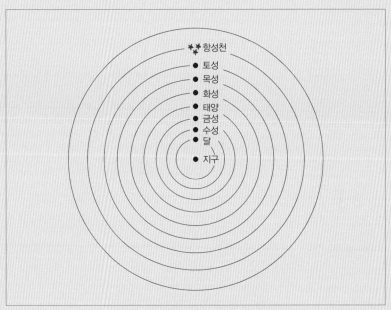

최한기의 《지구전요》에 등장하는 9중천도

바깥에 별이 없는 종동천이 있다고 말한다. 이들 9개의 하늘은 차례로 각각의 행성을 거느린 하늘을 이루고 지구를 하루에 한 바퀴씩 도는데, 맨 바깥에 있는 종동천(Prime Mover)이 나머지 하늘들을 움직이게 하는 힘을 행사한다고 보았다. 중세 기독교에서는 종동천 또는 그 바깥에 천사들과 하느님이 거주하는 천국이 있다고 믿었다. 9중천설은 원래 그리스의 철학자 아리스토텔레스가 주장한 55개의 천구설을 기본으로 삼아 2세기의 천문학자 프톨레마이오스의 이론을 약간 수정한 것인데, 중세에는 지구를 중심으로 9개의 하늘(마테오 리치의 《건곤체의》에서는 11개의 하늘 즉 11중천, 프란체스코 삼비아시의 《영언여작》에서는 10중천)이 있다고 보았다. 한마디로 우주는 무한한 것이 아니고 9개의 천체로 이루어졌다는 주장이다. 코페르니쿠스의 지동설이 인정되기 전까지 서양의 공식적인 우주론으로 자리 잡았으며, 대표적인 천동설에 속한다.

무한 우주설

9중천설에서 알 수 있듯이 서양 중세와 고대 천문학에서 천체는 종동천 안에 닫힌 구조의 우주로 설정되었다. 9중천설은 지구 중심의 천동설과 함께 그리스도교 신학과 결부되어 중세의 우주론으로 자리 잡았으며, 이후 이 입장을 부정하고 우주는 무한대로 넓다고 말하는 무한 우주설이나 지동설을 주장하는 것은 금기 사항이었다. 그래서 근대에 와서야 지동설과 함께 무한 우주설도 등장하는데, 두 이론은 모두 중세의 천체 이론에 큰 타격을 입힌다.

서양에서 무한 우주설을 처음 주장한 사람은 16세기 영국의 천문학자 토머스 딕스(Thomas Digges)로 알려져 있다. 그는 코페르니쿠스의 우주 모델에 큰 관심을 가졌으며, 코페르니쿠스보다 한 걸음 더 나아가 망원경으로 우주를 관측해서 이러한 학설을 주장했다. 물론 선교사들의 글이나 책에는 이런 내용이 나오지 않았기 때문에 홍대용이 알았을 리는 없었다. 그럼에도 그는 우리 은하 외에 여러 은하가 존재할 수 있다고 생각해 무한 우주설을 주장했는데, 이는 지구 자전설과 함께 그만의 독창적인 생각이었다.

티코 브라헤의 수정 천동설

서양에서는 코페르니쿠스(1473~1543) 이전에도 이미 고대 그리스 학자들 가운데 지동설을 주장하는 사람들이 있었다. 이를테면 헤라클레이데스(기원전 390?~기원전 322?)는 홍대용처럼 지구가 우주의 중심일지라도 자전을 한다고 주장했고, 아리스타르코스(기원전 310~기원전 230)도 태양 중심설을 제기했으며, 아폴로니오스(기원전 260?~기원전 200?)는 지구를 우주에서 약간 벗어나게 해 새로운 태양 중심의 우주를 주장했다. 그러나 서양에서도 중세까지는 이런 지동설을 인정하지 않았다.

그런데 근대로 들어와 코페르니쿠스의 지동설이 나오면서 천동설에 근거한 그리스도교의 신학적 세계관과 충돌을 일으켰다. 여기서 과학적인 사실로는 지동설을 지지하면서 그리스도교 신학과도 어긋나지 않게 절충하려고 수정 천동설이 나온다. 이 이론을 만든 사람은 덴마크의 천문학자 티코 브라헤(Tycho Brahe, 1546~1601)였다. 그는 태양과 달과 항성천은 지구를 중심으로, 나머지 행성들은 태양을 중심으로 공전한다고 주장했는데, 기존의 천동설을 수정했다고 해서 '수정 천동설' 또는 코페르니쿠스 지동설을 일부 받아들였다고 해서 '절

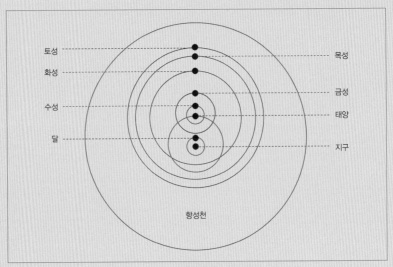

티코 브라헤의 천체도: 지구가 원 가운데를 차지하므로 여전히 우주의 중심이다. 최한기의 《지구전요》에 보임.

충설'이라 부른다. 브라헤 또한 지구를 우주의 중심에 놓는 천동설을 밑바탕으로 삼아 항성천은 8중천에 고정되어 있다고 보았다.

홍대용은 천동설 가운데 이 이론을 받아들였다. 다만 그의 주장은 수정 천동설과 두 가지 차이점이 있는데, 하나는 지구가 자전한다는 것이며, 다른 하나는 우주가 무한하다고 본 점이다.

은하

지구에서 볼 때 먼 하늘의 별들은 마치 커다란 물줄기처럼 뿌옇게 흩어져 무리를 이루고 있어서 은하수라 부른다. 은하수는 우리가 사

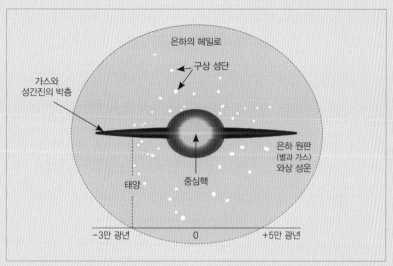

은하의 헤일로

구상 성단

가스와
성간진의 박층

은하 원판
(별과 가스)
와상 성운

태양

중심핵

−3만 광년　　　0　　　+5만 광년

은하면에 따라서 본 우리 은하

는 태양계를 포함해 수천억 개의 별, 가스 성운, 암흑 성운 등으로 이루어진 거대한 별무리다. 은하계에서 별들은 볼록 렌즈처럼 분포하며, 그 볼록 렌즈의 면처럼 생긴 은하면의 수직을 축으로 회전 운동을 한다. 태양은 은하면 위에 있으며, 중심에서 약 3만 3천 광년 떨어져 있고, 2억 5천만 년을 주기로 은하의 중심을 공전한다.

그런데 태양계가 포함된 우리 은하 너머에도 수많은 은하의 무리가 있다. 이것이 무한 우주설의 근거 가운데 하나다. 이것들은 우리 은하 밖에 있다고 해서 외부 은하라 부른다. 이런 외부 은하는 타원 은하, 나선 은하, 불규칙 은하 등 그 종류가 다양하다. 지구와 가장 가까운 은하는 안드로메다은하로 우리 은하에서 약 200만 광년 떨어져 있는데, 60억 년쯤 뒤에는 우리 은하와 충돌할 것이라고 예상한다. 또 은하에는 태양과 같이 스스로 빛을 내는 항성이 수없이 많아서, 그 주위에 지구와 환경이 비슷한 행성이 존재해 생물이 살 가능성이 있다고 예측되기도 한다.

홍대용도 수많은 별이 흩어져 은하수를 이루고 있다는 점을 근거로 무한 우주설을 주장했다.

유성과 혜성

유성과 혜성에 대해 초기 선교사들은 모두 아리스토텔레스의 자연학 이론에 따라 공기층에서 공기가 타는 것으로 이해했다. 당시 선교사들은 땅에서 발생한 두꺼운 공기가 상승해 공기층에서 타는 것으로 보았는데 짧게 타면 유성, 길게 타면 혜성이라고 주장했다. 다시 말하면 유성과 혜성 모두 지구의 대기권 안에서 일어나는 현상으로 본 것이다. 《공제격치》에도 이런 내용이 매우 자세하게 등장한다.

하지만 오늘날은 외계의 암석이나 소행성이 지구의 중력에 이끌려 들어오면서 지구 대기와 마찰을 일으키며 생기는 것이 유성이라고 본다. 혜성은 초기 선교사들이 주장한 것과 전혀 다르다. 혜성은 흔히 살별로 불리며, 태양을 공전하는 작은 행성이고 다양한 주기를 가진 별이다. 그러니 지구의 대기와는 아무런 상관도 없다. 혜성은 마치 불에 타는 것처럼 보이지만 실은 그것이 아니라 태양에 접근하면서 혜성의 핵 표면에서 드라이아이스, 암모니아, 얼음이 순차적으로 증발하며 일어난 기체가 그렇게 보이는 것이다. 이 기체와 먼지가 섞여 혜성의 대기를 형성하는데, 이것을 코마(coma)라고 부른다. 코마가 길게 이어져 나타난 것이 마치 불꽃처럼 달려 있는 혜성의 꼬리다.

　홍대용은 이런 과학적인 사실을 명확하게 인식하지 못했기 때문에 공중의 기가 엉겨 붙거나 별들의 남은 기가 흘러 다니면서 유성이나 혜성이 이루어졌다고 말한다. 또 동서를 막론하고 혜성이나 유성은 인간사의 재앙과 관련된 것으로 보았는데, 홍대용은 이런 현상을 인간의 일과 전혀 무관한 일로 보지는 않았다.

중력

　중력이란 질량이 있는 모든 물체 사이에 서로 끌어당기는 만유인력을 말하는데, 때로는 지구에서 작용하는 인력에 한정해서만 중력이라고 하기도 한다. 중력은 두 물체의 질량의 곱에 비례하고 거리의 제곱에 반비례한다는 법칙을 최초로 발견한 사람은 뉴턴(Isaac Newton, 1642~1727)이다. 그리고 뉴턴의 만유인력의 법칙을 동아시아에 최초로 소개한 책은 영국의 천문학자 존 허셜(John Herschel, 1792~1871)이 쓴 《천문학 개요(Outline of Astronomy)》로, 이 책은 《담천(談天)》이란 이름으로 1859년 중국 상하이에서 발간되었다.

그런데 뉴턴은 왜 중력 현상이 생기는가에 대한 문제에 관해서는 침묵했다. 그 이유에 대해 많은 주장이 있지만, 당시는 자연법칙을 신의 섭리로 이해했던 것처럼 중력에 대해서도 그랬을 가능성이 크다. 이런 중력 이론을 아직 접하지 못한 홍대용은 왜 중력 현상이 생기는지 매우 궁금했던 모양이다. 지구가 둥글다면 지구 반대편의 사람이 거꾸로 서 있어도 추락하지 않는 이유를 해명해야 했기 때문이다. 그래서 나름대로 해법을 내놓는다. 그는 지구 안에서만 중력이 작용한다고 보아 그것을 상하의 기세라 불렀는데, 지구가 자전하면서 생기는 기의 흐름이 지면으로 쏠리기 때문에 발생한다고 해석했다. 그래서 우주에는 중력이 없다고 보았고, 지구에서도 전후좌우의 기세는 인정하지 않았다. 사실 중력의 원인은 현대 물리학도 아직 밝히지 못한 난제 가운데 속한다.

빛의 성질과 청몽기(淸蒙氣)

광학 이론에는 빛의 성질 세 가지가 등장한다. 먼저 빛은 직진하는 성질을 갖는다. 직진하는 빛을 불투명한 물체로 막으면 그림자가 생긴다. 이 책에 나오는 일식과 월식이 빛의 직진 때문에 생기는 현상이다.

다음으로 빛은 반사한다. 거울과 같은 평면만이 아니라 달과 같은 구면에서도 빛은 반사된다. 이 책에서는 달의 명암을 말할 때 '달은

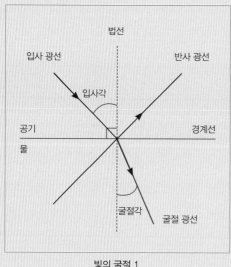

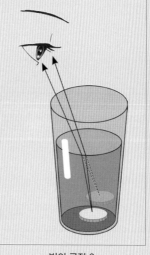

빛의 굴절 1 　　　　　　　　　　 빛의 굴절 2

거울과 같다.'는 표현을 통해 빛이 반사되고 있음을 밝힌다.

　끝으로 빛은 굴절한다. 빛은 그것이 통과하는 매질(媒質)의 밀도가 서로 다를 때 그 경계면에서 굴절한다. 물론 빛이 수직으로 진행할 때는 굴절되지 않으며 제한된 각도 안에서 비스듬하게 들어올 때 굴절한다. 이런 굴절의 대표적인 사례가 대기나 돋보기, 물속에서의 굴절이다. 이 책에서 청몽기(淸蒙氣)는 바로 빛이 굴절 현상을 일으키는 것과 관련해 등장하는 용어다.

　청몽기는 오늘날의 대기(the atmosphere)를 말하는 용어였다. 지구의 대기는 산소나 이산화탄소를 비롯해 수증기 등 잡다한 물질을 포함하고 있으므로 진공 상태인 우주보다 밀도가 높다. 따라서 햇빛이나 별빛 등이 지구에 비스듬히 들어올 때는 굴절을 일으키는데, 그 원인은 바로 이 청몽기 때문이다. 이를테면 렌즈로 물체를 보거나 물속에 잠긴 물체를 볼 때와 유사한 굴절 현상이다. 그래서 최한기(崔漢綺)는 청몽기, 즉 대기를 하나의 커다란 렌즈에 비유하기도 했다. 이런 굴절 현상 때문에 해가 뜨거나 질 때 실제보다 커 보이기도 하고, 또 실제로는 해가 뜨거나 지지 않았는데도 지평선이나 수평선에 남아 있기도 하는 현상이 일어난다.

이런 내용은 명나라의 서광계(徐光啓), 이지조(李之藻), 이천경(李天經)이 예수회 선교사 니콜라스 롱고바르디(Nicolas Longobardi, 중국 이름 용화민龍華民)나 아담 샬(Adam Schall von Bell, 중국 이름 탕약망湯若望) 등이 소개한 이론을 종합해서 지은 책인 《신법산서(新法算書)》에 나오는데, 홍대용은 이 책을 참조한 것으로 보인다.

지진

지진은 땅의 진동을 말하는데, 현재까지 지진은 주로 단층 때문에 발생하는 것으로 알려져 있다. 규모가 작은 지진은 화산 활동으로 발생하는 경우도 있다고 한다. 지진은 오랜 기간에 걸쳐 대륙의 이동, 해저의 확장, 산맥의 형성, 화산 활동 등의 원인이기도 한 지구 내부의 맨틀이 커다란 압력을 가하면서 발생되는 현상인데, '땅이 살아 있다.'는 말은 이 같은 내용을 잘 표현한 것이라 하겠다.

예수회 선교사 가운데 니콜라스 롱고바르디는 《지진해(地震解)》라는 책을 써서 지진에 대해 과학적인 설명을 했다. 하지만 이 책에서는 지진을 일으키는 가장 큰 원인 가운데 하나가 땅속의 공기라고 말하는데, 물론 아리스토텔레스의 이론을 따른 것이지만 과학적인 측면에서는 틀린 내용이다.

또 《공제격치》에서도 지진의 원인을 땅속에서 압박받는 공기 때문이라고 주장하는데, 이 또한 아리스토텔레스의 주장을 받아들인 것이다. 홍대용은 이와 달리 불, 공기(기), 바람 등이 땅속을 돌아다니면서 지진을 일으킨다고 생각했는데, 홍대용으로서는 가벼운 공기(기)만이 지진의 주요 원인이라는 생각에 동의할 수 없었던 것으로 보인다.

밤낮의 길이와 태양의 고도 변화

밤낮의 길이와 태양의 고도 변화가 일어나는 원인은 지구의 자전축이 23.5도 기울어진 상태로 태양을 공전하기 때문이다. 그래서 계절의 변화도 생긴다. 곧 밤낮의 길이 변화와 태양의 고도 변화에 따라 태양의 복사열에서도 많고 적음의 차이가 생겨나는데, 이로 말미암아 계절의 변화가 일어난다. 물론 지형 조건에 따라 기후는 다양하며 계절의 변화에도 약간의 차이를 보인다.

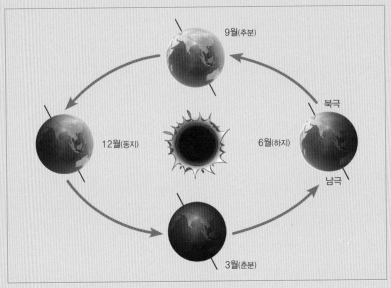

9월(추분)

12월(동지)

6월(하지)

북극

남극

3월(춘분)

지구의 공전과 사계절

　이것을 북반구를 기준으로 좀 더 자세히 살펴보면 하지 때가 태양의 고도가 가장 높고 그때를 정점으로 고도가 차츰 낮아지는데, 위도가 북위 23.5도인 지역에서는 태양이 정오에 바로 천정을 지난다. 동지 때는 태양이 남위 23.5도인 지역을 지나므로 북반구에서는 태양의 고도가 가장 낮고 태양열의 복사량도 적다. 그런데 실제로 가장 덥고 가장 추울 때는 하지나 동지를 한 달쯤 지난 뒤다. 그 이유는 지상이나 해수면에 복사열이 축적되거나 냉기가 쌓이는 데 시간이 걸리기 때문이다.

　홍대용은 이런 원리를 정확하게 파악하지 못했는데, 그 이유는 그가 지구가 태양을 공전한다는 사실을 몰랐기 때문이다. 그러나 그는 음양설을 비판하는 근거로 들어 기후나 날씨가 태양열과 관계된다는 점을 날카롭게 지적하기도 한다.

갈릴레이의 상대성 원리

지상에 멈춰 서서 관찰하는 사람이나 같은 속도로 운동하는 탈것 속에서 관찰하는 사람처럼 관찰자의 위치에 따라 똑같은 물리 법칙도 다르게 보인다는 것이 갈릴레이의 상대성 원리(Galilean principle of relativity)다. 이를테면 시속 100킬로미터로 달리는 기차의 선반 위에 놓인 가방은 기차에 탄 사람이 관찰하면 정지해 있지만, 기차 밖에 멈춰 서 있는 사람이 보면 시속 100킬로미터로 달려간다. 관찰자에 따라 상대적으로 시속 0킬로미터가 되기도 하고 100킬로미터가 되기도 한다.

또 바다에서 작은 섬이 있는 곳에 같은 속도로 배가 간다고 하자. 이때 배에 탄 사람은 배는 정지했는데 섬 또는 연안이 움직인다고 생각할 것이고, 섬에 사는 사람은 섬(연안)은 정지해 있는데 배가 움직인다고 생각할 것이다. 이 상대성 이론을 이 책에서는 배가 가는 경우와 연안(섬)이 가는 경우로 나누어 주행안행설(舟行岸行說)이라고 소개한다.

날씨와 기상 현상

바람은 공기가 이동하는 현상인데, 일반적으로 기압 차이 때문에 생긴다. 그래서 바람은 고기압에서 저기압으로 분다. 또 바다와 육지가 받는 햇빛의 열량 차이에 따라 불기도 하고, 지구 자전의 영향을 받기도 한다.

구름은 대기 중의 물방울이나 얼음 입자가 공중에 떠 있는 것인데, 수증기가 포함된 공기가 상승하면 기온과 기압이 낮아져 부피가 늘어난다. 이것을 단열 팽창이라고 한다. 기온이 이슬점 이하까지 내려가면 수증기가 응결해 물방울 또는 얼음 결정을 이룬 것이 구름이다.

비는 대기 속 수증기의 지름이 0.2밀리미터가 넘는 물방울이 되어 지상으로 떨어지는 것을 말한다. 약 10만 개의 구름 방울이 뭉쳐야 하나의 빗방울이 될 수 있다. 그러니까 구름 자체만 보면 비가 아니다.

눈은 구름으로부터 떨어지는 얼음 결정이다. 서리는 지표면에 가까이 있는 수증기가 땅 표면이 냉각됨에 따라 주변의 물체에 달라붙어 언 것이고, 이슬은 수증기가 이슬점 이하의 온도에서 물체에 물방울로 맺혀 달라붙는 현상이다.

또 우박은 적란운(수직으로 뜨는 구름)이 발달되면 얼음 알갱이가 형성되고 그것이 과냉각된 구름 알갱이와 충돌하면서 더욱 크게 얼어붙는데, 상승 기류를 만나는 과정에서 상승과 하강을 반복하다가 큰 얼음 알갱이로 변해서 떨어지는 현상이다.

우레(천둥)와 번개는 대기 중에서 발생하는 방전 현상으로, 공기 중에서 전압이 높은 곳에서 낮은 곳으로 흐른다. 우레는 소리이고, 번개는 빛이다. 가까이 있으면 소리와 빛이 동시에 보이거나 들리지만, 사람이 그것과 떨어져 있으면 번개를 먼저 보고 천둥소리를 나중에 듣는데, 너무 멀리 떨어져 있으면 아예 빛만 보이는 경우도 있다.

무지개는 태양과 반대쪽에 비가 올 경우, 그 물방울에 비친 태양 광선이 물방울 안에서 굴절·반사될 때 생긴다. 물방울의 크기, 반사 횟수 등에 따라 여러 종류의 무지개를 이룬다.

노을은 서쪽 지평선 위의 하늘에 붉게 나타나는 빛 현상으로 빛의 산란에 의해 생긴다. 빛은 두꺼운 대기층을 통과하면서 굴절·산란하는데, 파장이 짧은 빛은 대기 중에서 산란되고 파장이 긴 빨간색은 산란되지 못하고 도달하는 현상이다.

이러한 자연 현상에 대해 이 책에서 설명하는 내용은 오늘날의 과학적인 입장과 맞아떨어지는 것도 있고 일치하지 않는 것도 보인다. 그것은 그 시대의 과학적 한계이니 그 내용이 틀렸다는 사실에 연연할 필요는 없다. 다만 과학적인 자세, 합리적인 탐구 자세가 있는지 어떤지를 유의해서 살펴보는 것이 중요하다.

태양과 달과 지구에 대한 기본 정보

《의산문답》에는 태양, 달, 지구 이 세 별에 대한 내용이 많이 나오므로 여기서는 현재까지 알려진 과학의 성과를 바탕으로 간략하게 정리해 보겠다. 물론 홍대용이 이런 과학적인 내용을 정확하게 파악할 수 없었다는 점은 당연하다.

태양은 지구를 비롯한 8개의 행성, 위성, 혜성, 유성, 성운 물질 등과 만유인력(중력)을 통해 상호 작용해서 그것들의 운동을 직간접적으로 지배하는, 지구에서 가장 가까운 거리에 있는 항성(恒星, 천구에서 별자리가 변하지 않는 별)이다. 태양의 중력은 무척 커서 행성(行星, 중심 별의 주위를 도는 천체)의 운동에 큰 영향을 미친다. 지구에서 평균 거리로 1억 4960만 킬로미터에 있으며, 태양의 크기는 지구 지름의 109배, 부피는 지구의 130만 배에 이른다. 태양의 표면 온도는 약 6000도로 생물이 살지 못한다. 지구의 주요 에너지 공급원이며, 바람이나 비 등 주요 기상 현상의 원인이기도 하다. 태양도 평균 27일을 주기로 자전을 하며, 태양계의 모든 행성과 함께 은하계의 중심 둘레를 회전한다.

달은 지구의 위성이며, 달까지의 거리는 지구에서 태양까지 거리의 400분의 1로 지구 지름의 30배다. 달의 반지름은 약 1600킬로미터로 대략 지구 반지름의 4분의 1에 해당한다. 달은 자전하면서 동시에 지구를 공전하는데, 그 주기는 27.3일이다. 그러나 달이 지구를 도는 동안 지구도 공전을 하므로 실제 보름에서 다음 보름까지 걸리는 시간은 29.5일이다. 그리고 표면의 중력은 지구의 약 17퍼센트다. 그 때문에 물이나 공기를 지구처럼 갖지 못한다. 달의 중력은 지구의 모든 곳에 작용하고, 이 힘이 지표 상의 바닷물에도 작용해 밀물과 썰물 현상이 생긴다. 또 달은 스스로 빛을 내지 못하는데도 빛나 보이는 것은 태양빛을 반사시키기 때문이다. 지구와 태양과 달의 위치 변화에 따라 보름달과 초승달 등이 생기며 일식과 월식 현상도 나타난다. 달에는 극지방에 소량의 물이 있으나 밤낮의 온도 차이가 심하고 대기가 존재하지 않아서 현재까지 알려진 생물체는 없다.

지구는 태양에서 세 번째로 가까운 행성이며 다섯 번째로 크다. 나이는 약 46억 년으로 알려져 있다. 지구의 모양은 적도 반지름이 약 6378킬로미터이고, 극반지름이 약 6357킬로미터인 큰 타원체다. 지구는 북극과 남극을 연결한 지축을 중심으로 시계 반대 방향으로 자전을 한다. 자전 속도는 적도를 기준으로 약 시속 1600킬로미터이며, 자전 주기는 별을 기준으로 23시간 16분 4초(항성일)이고, 태양을 기준으로 24시간 3분 57초(태양일)다. 또 태양을 중심으로 공전하는데, 속도는 초속 약 29.8킬로미터이며 그 주기는 계절을 기준으로 하면 365.2422일(회귀년)이고, 별을 기준으로 하면 365.2564일(항성년)이다.

1. 이 책은 성균관대학교 한국유경편찬센터에서 제공한 DB 자료의 《의산문답(醫山問答)》을 저본으로 삼아 우리말로 옮긴 것이다.
2. 《의산문답》 원본은 대화체로 이루어졌으나 독자들이 읽기 편하도록 풀어쓴 이가 극본체로 재구성했다.
3. 《의산문답》 원문에는 형식적인 문단의 구분이나 단락의 제목이 없으나 풀어쓴 이가 문단을 나누고 제목을 붙였다.
4. 내용을 쉽게 이해할 수 있도록 가급적 의역을 했으며, 원문에는 없으나 이해를 돕기 위해 첨가한 용어나 내용은 〔 〕 속에 덧붙였다.
5. 독자들이 이 책을 이해하는 데 필요한 배경 지식, 그림과 도표 등은 풀어쓴 이가 작성했다.

1장
/
허자와 실옹의 만남

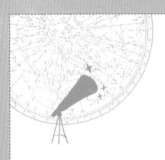

　《의산문답》은 소설의 형식을 취한 글로 주로 대화체로 이루어져 있는데, 1장은 소설의 도입부로서 등장인물들의 간략한 특징을 소개하는 내용이 중심이다. 등장인물이래야 허자와 실옹 두 사람뿐이지만, 여기서는 허자의 변화라는 흐름에 따라 새롭게 소개할 내용을 독자들에게 미리 알려 주려는 의도가 깔려 있다. 그래서 실옹을 통해 허자의 위선을 꾸짖고 유학의 말류(末流, 기울어져 가는 학문의 마지막 부류)를 비판하면서 허자의 잘못을 깨닫게 하는 방식으로 진행된다. 다시 말하면 기존 학문이나 문화에 길들여진 편견과 허위의식을 버리고 순수한 본심으로 진리를 받아들이는 자세가 필요하다는 의도가 녹아 있다.

　두 사람은 홍대용 자신이 서학을 접하기 이전과 이후의 두 모습을 상징한다고 해석할 수 있다. 말 그대로 헛된 학문을 공부한 사람이라는 의미를 담은 허자(虛子)라는 이름에서도 알 수 있듯이 허자는 홍대용의 깨닫기 이전 모습일 뿐만 아니라 주자 성리학을 최고의 가치로 여기던 당시 대다수 조선 선비들의 모습이기도 하다. 반면에 실옹은 속이 꽉 찬 늙은이 또는 실제적인 학문이 채워진 인물이라는 뜻 그대로, 홍대용 자신이 서학을 접하고 변화된 모습 또는 그가 지향하고자 한 인물을 상징한다. 그리고 옹(노인)이라는 말에서 느껴지듯이 세속적인 부귀영화에 뜻이 없으며 소박하고 자유롭게 사는 사람이라는 의미도 포함되어 있다.

　이제 이야기의 기본 구조 속으로 들어가 보자.

허자는 유교의 교양과 학문을 익혀 성인의 삶을 따르고 성인의 학문을 바로 세우는 일에 30년의 세월을 바친다. 하지만 그런 고매한 뜻을 지닌 허자가 세상으로 나왔으나 현실적으로 그의 지식을 알아주는 사람은 조선이나 청나라 그 어느 곳에도 없었다. 허자는 낙담해서 숨어 살려고 만주 땅에 들어갔다가 우연히 실옹을 만나게 된다.

　실옹을 만난 허자는 유교적인 겸양으로 예를 차리며 공손하게 대하지만 실옹은 대뜸 이런 허자를 꾸짖는다. 그런 허례와 허식으로 마치 상대를 다 아는 듯한 위선을 떨지 말라고 호통을 치는 한편, 허자가 일생을 바친 유학적 세계관에도 일침을 가한다. 이런 꾸짖음에 허자는 문득 자신이 배운 학문이나 뜻이 그릇된 것은 아닌지 되돌아보며 실옹과 진지한 대화를 나누기 시작한다. 여기까지가 1장이 다루는 이야기의 주요 내용이다.

　이상의 이야기 줄거리가 알려 주듯이 2장부터는 실옹의 입을 통해 홍대용이 고민했던 여러 주제에 대한 논의가 진행될 것이다. 그런데 이런 논의를 진행하기에 앞서 홍대용은 1장 끄트머리에서 중요한 입장 하나를 제시한다. 그것은 바로 '만물은 동등하다.'는 것이다. 원래 이것은 《장자》에 나오는 사상으로, 그 의미는 인간을 중심으로 보는 모든 가치관이나 행동 규범이 반드시 옳은 것이 아니며 만물은 동등한 가치를 지닌다는 말이다.

　실옹이 장자의 사상을 자신의 논리로 삼은 것은 앞으로 소개할 서양 과학과 자신의 주장을 편견 없이 받아들이는 열린 태도를 강조하기 위한 것이었으며, 앞으로 설명할 내용을 거부감 없이 받아들이게 하려는 준비 운동이었다. 좀 어려운 말로 표현하면 사물에 대한 주관적 입장을 배제하고 사물을 있는 그대로 보는 객관적 입장을 확보하자는 것이다. 더 나아가 지구가 둥그니까 세계의 중심이 없다거나 중국이나 오랑캐가 같다는 '화이일야(華夷一也)'로 나아가기 위해 미리 제시하는 복선이라고도 할 수 있다.

1 허자, 세상에 나서다

허자(虛子)라는 사람은 숨어 살면서 독서를 한 지 30년이 되자 천지의 변화 그리고 인간의 본성과 하늘의 명령인 성명(性命)의 미묘함을 속속들이 탐구했으며, 수·화·목·금·토의 다섯 기운인 오행(五行)의 근원과 삼교(三教, 유교·불교·도교)의 깊은 뜻을 통달하고, 인간의 도리를 씨줄과 날줄처럼 샅샅이 꿰뚫고 사물의 이치에 두루 통하게 되었다. 그가 이렇게 심오한 이치를 끌어모아 헤아리고 사물을 처음부터 끝까지 꿰뚫어 남김없이 안 다음, 바깥세상에 나와 사람들에게 말하자 듣는 사람들마다 웃지 않는 자가 없었다.

허자: (탄식하면서) 작은 지혜를 가진 사람들과는 함께 큰 도리를 말할 수 없고, 고루한 풍속을 지닌 곳에서는 함께 진리를 말할 수 없구나!

그리하여 서쪽으로 멀리 중국의 북경에 들어가 그곳 선비들과 같이 노닐며 이야기를 나누면서 60일 동안이나 여관 생활을 했으나, 끝내 자기와 뜻이 맞는 사람을 발견하지 못했다.

허자: (크게 한숨 쉬며 탄식하고는) 주공(周公)의 〔도리가〕 쇠약해졌는가? 사리에 밝은 사람이 없어졌는가? 우리 〔유교의〕 도리가 거짓된 것인가?

이렇게 말하고 행장을 꾸려 돌아왔다. 마침 그때 의무려산(醫巫閭山)에 올라 남쪽으로 큰 바다와 북북쪽으로 큰 사막을 바라보았다.

허자: (주르르 눈물을 흘리며) 〔올바른 도가 없어지니〕 노자(老子)는 오랑캐 땅으로 들어가고, 공자(孔子)께서는 바다를 건너 멀리 떠나고자 했으니, 어찌 그만둘 수 있겠는가? 어찌 그만둘 수 있겠는가?

드디어 세상을 도피해 살아갈 생각을 갖게 되었다. 수십 리를 가서 돌로 된 문이 있는 곳에 이르렀는데, '실(實)이 살고 있는 곳의 문'이라 적혀 있었다.

여기에 나오는 성명(性命)은 인간의 본성인 성(性)과 하늘의 명령인 명(命)으로서 주자 성리학에서 다루는 중요한 주제들이며, 오행은 천지 만물을 구성하는 다섯 요소로 음양의 두 기운을 보다 구체적으로 분류한 다섯 가지 기운을 말한다.

이 글은 《의산문답》의 첫 대목으로 먼저 허자에 대한 소개와 그의 행적을 다루고 있다. 허자는 《의산문답》의 주인공 가운데 한 사람으로 허(虛)라는 글자는 비어 있다는 뜻이요 자(子)는 사람을 높여 부르는 말이니, 요즘 말로 하자면 쓸데없는 지식이나 지닌 헛똑똑이 또는 공허한 학문에 깊이 빠진 선생이라고 볼 수 있다. 그런데 허자는 유학의 정통 학문인 주자 성리학은 물론이요, 불교와 노자·장자의 도가 사상 등 동양의 주요 철학을 그것도 30여 년 동안 공부했으니 동아시아 전통 학문을 꿰뚫은 인물이라 할 수 있다. 그럼에도 이름조차 헛똑똑이에다 그의 말을 듣는 사람마다 모두 비웃었다고 하니, 그의 문제는 무엇이었을까? 이에 대한 답은 잠시 뒤로 미루어 놓기로 하고, 먼저 그의 행적을 살펴보자.

허자는 조선에서 인정을 받지 못하자 중국의 북경으로 간다. 그러나 그곳에서도 역시 그를 알아주는 이가 없자 충격을 받아 중국과 조선의 경계 지역에 있던 의무려산(醫巫閭山) 근처에 들어가 은거하려고 마음을 먹는다. 이 산이 바로 이 책의 제목 가운데 '의산'이라 한 그 산으로 옛 고구려 건국 때 도읍으로 삼은 홀승골성이 있는 산이다. '의산문답'은 바로 이 산에서 문답한 내용이라는 뜻이다. 의무려산은 현재 중국 랴오닝 성 베이진 시에 있고, 실제로 홍대용은 사신의 일행이 되어 중국에 가서 돌아올 때 숨어 사는 선비나 도사 등이 있을 것이라 여겨 이 산을 이리저리 탐방하기도 했다. 또 조선 후기의 실학자 이중환의 《택리지》에도 등장하는데, 이는 우리 조상들이 조선 후기까지도 만주 지역을 우리 땅으로 인식하고 있었음을 말해 준다.

이 산에서 허자는 또 한 사람의 주인공인 실옹과 만난다. 실옹(實翁)이란 '속이 꽉 찬 늙은이'라는 뜻이니, 허(虛)와 실(實)의 만남인 셈이다. '허'는 말 그대로 빈껍데기요 허황된 것이나 '실'은 참되고 꽉 찬 알맹이니 껍데기와 알맹이의 만남인 셈이다. 여기서 우리는 홍대용이 의도한 소설의 구도를 미루어 짐작할 수 있다. 주자 성리학의 말단만 좇는 당시의 학문은 비현실적인 빈껍데기 학문이고, 진정한 학문은 따로 있다는 설정이 그것이다. 본문의 내용 가운데 주공은 은나라를 멸망시키고 주나라 왕조를 연 무왕의 동생으로 어린 조카인 성왕을 도와 주나라의 제도와 문물을 완비한 사람이다. 공자는 이런 주공의 올곧은 정신을 높이 칭송했는데, 그래서인지 공자 이후 유학은 주공을 성인의 반열에 넣는다. 노자가 오랑캐 땅으로 들어갔다는 말은 사마천(司馬遷)의 《사기(史記)》에 노자가 중국의 관문(關門)을 떠나 숨어 살았다는 기록을 후대 사람들이 노자가 서쪽으로 갔다고 한 데서 나온 말이다. 공자가 바다를 건너 떠나고자 했다는 말 또한 공자가 중국에서 자신의 뜻을 펼칠 수 없자 뗏목을 타고 동쪽 오랑캐의 나라로 가고 싶다고 말한 《논어》의 구절에서 나왔다.

허자: 의무려산은 동이(東夷)와 중국의 경계에 있으며 중국 동북 지

역의 명산이다. 반드시 숨어 사는 선비가 있을 것이다. 내가 꼭 가서 물어보리라.

드디어 문에 들어가니 새 둥지처럼 만든 집에 홀로 앉아 있는 거인(巨人)이 있었는데, 모습이 이상야릇했다. 그리고 나무를 쪼개 만든 판때기에는 '실옹의 거처'라고 써 있었다.

> 허자: 내가 허 자를 이름으로 삼은 것은 장차 천하의 실(實)을 조사해 살펴보고자 한 일이었는데, 저 사람이 실 자를 이름으로 삼은 것은 장차 천하의 허(虛)를 부수어 버리고자 한 일일 게다. 허는 허 나름대로 실은 실 나름대로 묘한 방법상의 참된 것이니, 내 앞으로 그의 설명을 들어 보리라.

그리하여 허자는 무릎으로 기어서 앞으로 나아가 그 모습을 향해 절을 한 다음 두 손을 공손하게 모으고 오른쪽에 섰다. 그러나 거인은 머리를 수그리고 앉아서 멍하니 보는데, 마치 〔허자를〕 보지 않는 듯했다.

> 허자: (예를 갖추어 두 손을 들고) 군자가 남을 대하는 것이 원래 이렇게 오만합니까?

실옹: 그대가 동쪽 조선에서 온 허자인가?

허자: 그렇습니다. 선생께서는 어떻게 아셨습니까? 무슨 술법이 있
는 게 아닙니까?

이제 소설은 본격적으로 허자와 실옹의 만남을 다루기 시작한다.

그전에 허자의 입을 통해 의무려산이 "동이(東夷)와 중국의 경계에
있다."고 한 것은 다음의 내용을 말해 준다. 하나는 당시 지배층인 양
반들까지도 우리 국토의 경계를 만주의 간도 지역까지 확대해서 보
았다는 것이고, 또 하나는 우리 스스로를 동이 곧 '동쪽 오랑캐'로 여
겼다는 점이다. 이것은 중국을 세계의 중심으로 보고 우리를 포함한
주변의 다른 나라를 오랑캐로 여기는 화이론을 당연하게 여긴 선비
들의 사고를 반영한다. 하지만 뒤에서 나오듯이 홍대용은 이런 화이
론에 대해 비판적인 입장이었다.

새 둥지처럼 만든 집이란 원시 시대의 집처럼 아주 소박하게 만든
집이니, 실옹은 문명 세계를 떠나 자연과 더불어 사는 삶, 곧 노자와
장자 학파의 도가적인 삶을 지향했음을 알 수 있다.

그런데 우리가 눈여겨보아야 하는 것은 두 사람의 첫 만남조차 서
로 완전하게 다르다는 점이다. 허자는 비록 허름한 집이지만 의연하
게 앉아 있는 실옹을 보고 지레짐작해서 군자라고 여겨 극진한 예로
대한다. 유가에서는 보통 자기 몸을 바르게 수양하고 인격을 완성해

사회가 올바른 길로 가도록 이끄는 사람, 곧 인격의 완성자를 군자라고 부른다. 그러나 실옹은 겉만 보고 예절을 차리는 허자의 허례 의식을 단칼에 무시한다. 허례허식에 익숙한 허자는 실옹의 이런 태도에 발끈하지만, 실옹은 아랑곳하지 않고 바로 직설적인 질문을 던지며 허자의 위선을 꼬집는다. '너는 나를 누구라 생각하느냐?'라고 물으면서……. 다음에서 그 내용을 구체적으로 확인해 보자.

2 실옹, 허자의 허례와 가식을 꾸짖다

실옹: (몸을 무릎에 의지한 채 눈을 크게 뜨고) 네가 과연 허자로구
  나. 내게 무슨 술법이 있겠느냐? 그대의 의복을 보고 그대의
  목소리를 듣고 그대가 조선 사람임을 알았다. 그대의 예법을
  관찰하니 겸손한 척 꾸미고 거짓으로 공손한 태도를 보이며
  오로지 알맹이 없이 겉으로만 남을 대했다. 그래서 그대가 허
  자라는 것을 알았으니 내게 무슨 술법이 있겠느냐?

허자: 공손은 덕의 터전으로 현자를 공경하는 것보다 더 큰 것이 없습
  니다. 조금 전에 제가 선생을 뵙고 현자라 여겨 무릎으로 기어
  서 선생을 향해 절을 올린 다음 두 손을 공손하게 모으고 오른
  쪽에 선 것입니다. 그런데도 지금 선생께서 일부러 겸손한 척하
  고 거짓으로 공손한 체한다고 여기시는 것은 무슨 까닭입니까?

실옹: 이리 가까이 오라. 내가 시험 삼아 그대에게 물어보겠다. 그대
  는 나를 누구라 생각하는가?

허자: 저는 현자라는 것만 알고 있을 따름입니다. 선생께서 누구신
  지 제가 어떻게 알겠습니까?

실옹: 좋다. 비록 그러하나 그대는 내가 누구인지도 제대로 알지 못
  하면서 내가 현자라는 것을 어찌 알았는가?

허자: 제가 선생을 보니 흙과 나무처럼 꾸미지 않은 모습에 생황과 종소리 같은 음성을 지니셨습니다. 또 세속(사람들이 사는 세상)을 피해 홀로 확고히 서 계시며 광대한 산림 속에서도 마음이 흔들리지 않으셨습니다. 그것으로 보아 선생께서 현자임을 알았습니다.

실옹: 심하구나, 그대의 거짓이! 그대는 정녕 저 돌문과 나뭇조각에 써 놓은 글을 보지 못했단 말인가? 그대는 저 문을 통해서 들어왔고 나뭇조각에 써 놓은 글씨를 보았거늘, 나의 이름을 이미 알고서 도리어 모른다고 말하며, 내가 현명하다는 것을 알지도 못하면서 도리어 안다고 하니, 심하구나 그대의 거짓이! 또 그대에게 말해 두겠는데, 백성을 홀리는 것에는 세 가지가 있다. 식욕과 색욕에 홀리면 그 집안을 망치고, 이익과 권세에 홀리면 나라를 위태롭게 하며, 학설에 홀리면 천하를 혼란스럽게 만든다. 그대는 지금 학설에 홀려 있지 않은가?

또한 그대는 지나치다. 이름이란 그 사람이 지닌 고상하고 너그러운 품성인 덕의 상징이요, 호칭이란 그런 덕이 밖으로 드러난 겉모습이다. 그대는 내가 실옹이라는 것을 알았다면 내가 참된 사람이라는 것만 알면 그뿐이지, 도리어 나를 현자라고 하니 무슨 까닭인가? 그대는 나의 모습을 보고 흙과 나무에 견주고, 나의 목소리를 듣고 생황과 종소리에 견주었다. 내가 산에서 산다고 세속을 피해 홀로 확고히 서 있으며, 산림 속에서도 마음이 흔들리지 않는다고 했다. 이것은 그대가 보고 느낀 대로 상황에 따라 말을 둘러대어 지껄이는 것이니 아첨이 아니면 정신 나간 짓이다.

인간의 연약한 피부와 살을 흙과 나무에 비유하는 것은 사실과 거리가 멀고, 목구멍과 폐에서 나오는 약하디 약한 기(氣)를 단단한 쇠와 대나무로 만든 [종이나 생황 같은] 악기와 비유하는 것도 거리가 멀다. 세속을 피해 홀로 확고히 서 계신 분은 공자였으며, 수많은 일 속에서도 마음이 흔들리지 않은 분은 순임금이셨다. 그대는 과연 나를 공자라 여기고 순임금으로 생각하는가? 나의 학문이 공자의 그것보다 못한지 나은지를 어떻게 알며, 나의 성스러움이 순임금만 못한지 나은지를 어떻게 아는가? 그대는 나에 대해 아는 것이 아무것도 없으면서도 이렇게 갑자기 견주어 말했으니, 이것은 아첨하는 것이 아니면 거짓되거나 정신이 없는 짓이다.

사실 유교적인 예의를 따르는 허자로서는 실옹을 대하는 자신의 행동에 아무런 문제를 느끼지 못했다. 그런데도 실옹은 그것을 겸손한 척 꾸미는 것이며 거짓된 공손이라고 비판한다. 그럼 실옹은 왜 이런 비판을 했을까?

여기서 홍대용이 실옹의 입을 통해 말하려는 것은 당시 조선의 유학자들이 허례허식에 치우친 가식적인 예절에 너무 빠져 있다는 점이었다. 그런 겉치레 예절이 널리 퍼지면서 심지어 상대방의 외모만 가지고도 현자라고 여기는, 허자 같은 헛똑똑이들이 늘어날 수밖에 없었다. 이는 분명 가식과 거짓에 물든 허례와 허식일 뿐이다.

분문 가운데 "백성을 홀리는 세 가지"라는 내용은 사실 보통의 인간이라면 누구나 가질 수 있는 식욕·색욕·물욕·명예욕 등을 말하는데, 그것이 왜 문제라는 것일까? 사실 이런 것들은 인간이 지닌 기본적인 욕구로, 지나치지만 않는다면 문제 될 것이 없다. 그리고 그것들은 마땅히 충족되어야 하고, 정상적인 방법으로 추구한다면 탓해서도 안 된다. 그런데 실옹이 '홀렸다'고 말하는 것은 그 탐하는 정도가 지나쳐서 문제가 된다는 뜻이다. 말하자면 식욕과 색욕이 지나치면 자신과 집안을 망치고, 물욕과 권력욕 또한 지나치면 나라를 위태롭게 한다는 말이다. 특히 어떤 학설만을 고집한다면 아집과 독단에 빠져 온 세상을 혼란스럽게 만들기 마련이다. 홍대용이 살던 시대에는 주자 성리학이 그런 역할을 했다고 할 수 있다. 사실 오늘날에도 특정 학설이나 종교에 대한 맹신(덮어놓고 믿음)으로 역사와 현실을 왜곡하는 모습을 흔히 볼 수 있지 않은가?

홍대용은 이처럼 가식적인 허례를 비판하고, 다음으로는 주자 성리학의 위선적인 측면에 대한 비판을 이어 나간다.

3 실옹, 허자의 위선을 꾸짖다

실옹: 그대에게 또 묻겠다. 그대가 말하는 현자란 어떤 사람인가?

허자: 주공과 공자가 한 일을 높이고, 정자(程子)와 주자(朱子)의 말
을 익혀서, 바른 학문을 떠받치고 사악한 학설을 배척하며, 인
(仁)으로서 세상을 구원하고 지혜롭게 일처리를 잘해서 자신의
한 몸을 제대로 보전하는 자가 이른바 유학에서 말하는 현자
입니다.

실옹: (머리를 들고 웃으며) 그대가 정말로 도술(道術, 원래 도가의 방
술을 가리키나 여기서는 참된 유학을 말함)에 마음이 뺏긴 것을 알
겠다. 아아, 슬프구나! 도술이 사라진 지 오래되었다.

공자가 죽은 뒤에 여러 제자가 그 도술을 혼란스럽게 만들었
고, 주자 문하에 있던 여러 유학자도 주자의 뜻을 어지럽혔다.
그리하여 공자와 주자의 업적을 높인다고 하면서도 공자와 주
자의 참된 진심을 잊었고, 공자와 주자의 말을 익힌다고 하면
서도 공자와 주자가 전하려던 본래 뜻은 잃어버렸다. 바른 학
문을 떠받든다는 말은 사실은 자랑하려는 마음에서 나왔고,
사악한 학설을 배척한다는 말도 사실은 남을 이기려는 마음에
서 나왔으며, 세상을 구원한다는 인(仁)도 사실은 권세를 부리

려는 마음에서 나온 것이고, 몸을 보전하는 밝은 지혜도 사실은 이기적인 마음에서 나왔다.

그리하여 이 네 가지 마음은 서로 얽히고설켜 참된 뜻은 나날이 없어지고, 마침내 천하는 도도한 물결처럼 허망한 데로 달려간다. 지금 그대는 겸손한 척 꾸미면서 거짓된 공손으로 스스로 현명하다고 여기고, 겉모습과 음성만을 보고 듣고도 남을 현명다고 판단했다. 마음이 공허하면 예법도 공허하고 예법이 공허하면 공허하지 않은 일이 없으니, 자기에게 공허하면 남에게도 공허하고 남에게 공허하면 천하가 공허하지 않음이 없다. 도술에 미혹(迷惑, 마음이 흐려서 무엇에 홀림)되면 반드시 천하를 혼란스럽게 하니, 그대는 그것을 아는가?

이제 홍대용은 실옹의 입을 통해 본격적으로 주자 성리학을 따르는 후세 학자들의 폐단(문제점)과 위선을 비판한다.

실옹은 먼저 허자에게 현자라고 여기는 사람이 누구인지를 묻는데, 그 대답은 주자 성리학에서 말하는 그대로의 사람임을 알 수 있다. 여기서 말하는 인(仁)이란 공자 사상의 핵심으로 흔히 '어질다', '인간답다' 또는 '사랑'이나 '사랑의 원리' 등으로 풀이되는 개념이다. 정자는 주자학의 이론적 기초를 제공한 정호·정이 형제를 높여서 부르는 말이다. 이 같은 허자의 생각은 조선 후기 유학자들이 일반적으로 가지고 있던 통념이었다. 이들은 주자 성리학 외의 다른 학설을 모두 '사악한 학설'로 규정하고, 그런 학설을 내세운 학자를 '사문난적 (斯文亂賊, 그릇된 학문으로 진실한 학문을 어지럽힌 나쁜 무리)'이라 부르며 배척했다.

여기서 사악한 학설로 지목된 것은 처음에는 불교, 도교(도가)와 양명학 등이었는데, 후대로 가면서 서양에서 전파된 천주교 사상을 가리키는 표현으로 바뀌었다. 이들 학문은 공식적으로 외도(外道)나 이단(異端)으로 불리며 배척되었다. 이처럼 특정 학문이 지배하면 독단과 아집의 문제가 생기게 마련이다.

그런데 여기서 눈여겨볼 점은 이런 유학자들의 학문이 그들이 떠받드는 공자나 주자 등이 말한 본래 뜻과는 어긋나게 제멋대로 해석한 것이며, 인간의 순수한 마음인 양심에서 우러나온 것이 아니라 자랑하는 마음, 남을 이기려는 마음, 권세를 부리려는 마음, 이기적인 마음에서 나온 것임을 지적한 내용이다. 이것은 매우 중요한 역사적 교훈을 포함하고 있다. 일반적으로 사회의 지배층이 주장하는 학문과 그들이 믿는 종교의 대부분은 백성을 위한 참된 사랑의 마음에서 나온 것이라기보다는 자신들의 정치·경제적인 이익을 지키고 보호하기 위해 겉으로 내세우는 거짓되고 공허한 논리에 불과하다. 이를 테면 유학의 인이란 것도 뒤집어 보면 그들끼리만 나누는 사랑에 지나지 않는다. 가족과 이웃에 대한 포괄적인 사랑인 공자의 인을 요즘

말로 하자면, '갑질'하는 자들만의 사랑으로 둔갑시킨 꼴이다. 나아가 이들은 자기들이 믿는 것과 다른 사상이나 종교를 사악하다고 배척하거나 탄압한다. 이는 조선 후기에 와서 유학의 올바른 정신은 사라지고, 유학이 지배 계층의 허위의식과 위선의 도구로 변질되었다는 것을 뜻한다.

그런데 본문에서 이런 변질된 마음이 문제라는 지적을 보고 독립운동가이자 국학자인 정인보(鄭寅普, 1893~1950) 선생은 홍대용의 학문이 양명학과 관련 있다고 주장했다. 인간의 순수한 마음을 《맹자》에서는 '양지(良知)'라고 불렀는데, 이 개념은 뒷날 양명학의 핵심 이론 가운데 하나가 되었다. 그런데 홍대용이 마음의 문제라고 말한 것으로 볼 때 양명학을 받아들였다는 주장이다.

홍대용이 말하고자 하는 것이 양명학에서 말하는 양지든 아니든, 순수한 마음을 되찾는 것은 어떤 학문을 하든 중요한 덕목일 수밖에 없다. 그런 마음을 지녀야 비로소 다른 학설이나 주장도 편견 없이 받아들일 수 있지 않겠는가?

4 실용, 인간 중심의 가치관을 뒤흔들다

허자: (묵묵히 듣고 있다가 잠시 후) 저는 동쪽 바닷가에 사는 비루한
    사람입니다. 옛사람들이 남긴 글이나 말의 겉껍데기에 마음을
    두고 종이 위의 상투적인 말을 외워 말하는 등 (하잘것없는)
    속된 학문의 흐름에 휩쓸려서, 작은 것을 보고도 깊이 깨달아
    야 할 근본 진리인 도라고 여겨 왔습니다. 지금 선생의 말씀을
    듣고 보니 정신이 번쩍 들어 무언가 마음에 얻은 것이 있는 듯
    합니다. 커다란 진리의 핵심을 감히 여쭈어도 되겠습니까?
실옹: (한참 동안 눈여겨보더니) 그대의 얼굴에는 이미 주름이 가득
    하고 머리털은 희끗희끗하구나. 내가 먼저 그대가 공부한 것
    에 대해 들어 보고 싶다.
허자: 어렸을 때는 성현들이 남긴 책을 읽었고, 자라서는 시(詩)와 예
    (禮)를 익히고 음양(陰陽)의 변화를 찾으며 인간과 만물의 이치
    를 헤아리고자 했습니다. 최선을 다하는 충(忠)과 깨어 있는
    자세인 경(敬)으로서 마음을 보존하고, 정성과 민첩함으로써
    맡은 일을 했습니다. 세상을 다스리고 백성을 구제하는 방법
    은 《주례(周禮)》의 제도를 기본을 삼았고, 벼슬에 나아가고 물
    러남은 은나라 재상이던 이윤(伊尹)과 주나라의 재상 강태공

여상(呂尚)을 본받았습니다. 그 밖에 예술과 천문·역법과 병법과 무기와 제사에 관한 것, 수학과 음악 이론 등을 구분 없이 널리 배우되, 그 결과는 모두 육경(六經)에 두루 통하고 정자와 주자의 학설을 잘 절충했으니, 이것이 제가 공부한 바입니다.

실옹: 그대의 말대로라면 유학자들이 배우는 커다란 줄기는 다 갖추었다. 그런데 그대는 또 뭐가 부족해서 나에게 묻는가? 그대가 말재주를 부려 장차 나를 궁지에 몰아넣고자 함인가, 아니면 배운 것을 가지고 앞으로 나와 겨뤄 보자는 것인가? 그것도 아니라면 법도나 규정을 가지고 나를 시험해 보려는 것인가?

허자: (일어나 경의를 표하며) 선생께서는 무슨 말씀을 그리하십니까? 제가 자잘한 생각에 갇혀 커다란 진리를 듣지 못했습니다. 망령되이 스스로 높인 것은 우물 안 개구리가 하늘을 쳐다보듯 한 것이며, 얕은 지식으로 여름철에만 사는 벌레가 겨울의 얼음을 말하듯 했습니다. 지금 선생을 뵈오니 마음이 확 열리고 귀와 눈이 맑고 상쾌해 애써 정성을 다하려는데, 선생께서는 무슨 말씀을 하십니까?

허자가 공부한 내용을 보면 당시 유학자들이 일반적으로 공부한 것들이 거의 다 들어 있다. 여기서 성현들이 남긴 책이란 일반적으로 사서오경이라 일컫는 유학의 경전들을 말한다. "음양의 변화를 찾는다.”는 말은 음양의 기(氣)와 그 기를 주재하는 이(理)를 가지고 만물의 생성·변화를 해석하는 성리학적인 음양론을 말함이고, “인간과 만물의 이치를 헤아렸다.”는 말도 주자가 해석한 사물을 깊이 연구해 그 궁극의 이치를 찾아낸다는 《대학》의 격물치지(格物致知)를 이르는 말이다.

또한 충(忠)이란 자기 마음을 다하는 것 곧 최선을 다하는 것을 이르고, 경(敬)이란 학문이든 일을 할 때든 항상 경건하게 해서 깨어 있는 마음을 말한다. 정성이나 민첩함도 어떤 일이나 학문을 할 때 갖추어야 하는 기본 태도로 정성스럽고 솔선수범해야 함을 이르는 말이다. 《주례》는 고대 주나라의 제도와 예절에 관한 책을 말한다. 이처럼 허자는 유학의 기본 경전은 물론 역사·천문·역법·군사·제사·음악·수학 등을 두루 공부했으니 유학자로서 상당히 많은 공부를 했다고 하겠다.

그런데 이와 같이 기존의 학문으로 볼 때 전혀 손색이 없는 허자가 뭐가 답답해서 실옹에게 진리의 핵심을 물으려고 할까? 아마도 그 이유는 앞에서 자신의 지식으로는 세상 사람들을 설득할 수 없었던 데서 온 좌절감 때문이든가 스스로 다 안다고 자만해서는 새로운 앎으로 나아갈 수 없다는 진실을 깨달았기 때문이 아닐까?

실옹: 〔허자가 자신이 공부한 것의 헛됨을 깨달은 듯 보이자〕 그렇구

나. 그대는 정말 (공자, 맹자의 학문을 따르는) 유자(儒者)로다. 먼저 물 뿌리고 청소하는 따위의 (《소학》에 나오는) 기본적인 것을 배우고 난 뒤에 인간의 본성과 하늘의 명령인 천명을 공부하는 것이 처음 배우는 사람들의 공부 순서다. 지금 내가 그대에게 커다란 진리를 말해 주려고 하는데, 그보다 앞서 도의 근원에 대해 꼭 이야기해 주어야겠다. 인간이 동물과 다른 까닭은 마음 때문이고, 마음이 동물과 다른 것은 몸 때문이다. 지금 그대에게 묻겠다. 그대의 몸이 동식물과 다른 점이 있다면 반드시 그 설명이 있어야 하는데, 그것은 무엇인가.

허자: 인간의 모습을 말하면 머리가 둥근 것은 하늘이요, 발이 네모진 것은 땅입니다. 피부와 머리카락은 산림이요, 정액과 피는 강과 바다입니다. 두 눈은 해와 달이고 호흡하는 것은 바람과 구름입니다. 그러므로 인간의 몸은 작은 천지라고 합니다. 인간의 태어남을 말하면 아비의 정액과 어미의 피가 서로 반응해서 태아가 생기고 달이 차서 태어납니다. 치아의 수가 늘어나면서 지혜가 자라고 몸에 난 일곱 구멍이 밝아지며 오성(五性)이 갖추어지니, 이것이 인간의 몸이 동식물과 다른 까닭이 아니겠습니까?

실옹: 허허! 그대의 말대로라면 인간이 동식물과 다른 까닭은 거의 없다. 머리카락과 피부의 바탕과 번식하는 방식은 식물이나

인간이 동일한데 하물며 동물과 무엇이 다르겠는가? 그렇다면 내가 그대에게 다시 묻노니, 살아 있는 부류에는 인간과 동물과 식물의 세 종류가 있다. 식물은 거꾸로 자라므로 [식물적인] 앎은 있으나 깨달음이 없고, 동물은 옆으로 자라므로 [동물적인] 깨달음은 있으나 지혜가 없다. 살아 있는 이 세 부류는 천지에 가득 차서 이리저리 뒤섞여 서로 약하게 만들거나 왕성하게 만들기도 하는데, 거기에 또한 귀하고 천한 등급이 있을까?

허자: 천지에서 사는 것 가운데 오직 인간이 귀합니다. 이제 말씀하신 동물은 [인간에게 있는] 지혜가 없고 식물은 [동물에게 있는] 깨달음이 없으며, [게다가 그것들에게는 인간에게 있는] 예법이나 의리도 없으니, 인간이 동물보다 귀하고 식물이 동물보다 천합니다.

실옹은 허자가 그 시대 선비들의 기초 공부인 《소학》의 실천 내용을 언급하지 않은 것에 대해 가볍게 지적한 다음 허자에게 인간과 동식물이 다른 까닭을 묻는다. 그런데 실옹이 이렇게 물은 것은 뒤에서 확인되듯이 그 자체가 일종의 함정이라고 할 수 있다. 허자가 유학의 관점에서 답하리라고 예상한 실옹이 질문을 던져 답을 유도한 다음 그것을 반박하려는 의도가 들어 있기 때문이다.

먼저 실옹은 "인간이 동물과 다른 것은 마음 때문이고, 마음이 동물과 다른 것은 몸 때문이다."라는 주자 성리학의 이론을 전제로 삼아 묻는다. 이 말은 상식적인 측면에서 볼 때 맞는 말이다. 마음은 몸의 기능에서 나오고, 그 마음에 따라 동물과 인간이 구분되기 때문이다. 이처럼 질문 속에 미리 답을 암시해 두고 허자를 유도한다. 허자는 이런 의도도 모른 채 머리는 하늘처럼 둥글고 발은 땅처럼 네모지다는 등의 비유를 하면서 "인간의 몸은 작은 천지"라는 유학적 관점을 제시한다. 이 말은 "인간의 몸은 소우주"라는 주자의 말과 같은 의미다. 여기서 말하는 몸의 일곱 구멍이란 귀, 눈, 코, 입의 외부로 난 7개의 구멍을 말하고, 오성(五性)은 유학에서 말하는 인, 의, 예, 지, 신의 다섯 가지 성품을 말한다. 말하자면 허자는 인간과 동물의 차이는 부여받은 몸이 다르기 때문이라고 답했다.

그런데 실옹은 이번에는 몸의 차이가 마음의 차이를 만든다는 전제를 스스로 부정하면서 인간이나 동식물이나 천지의 기운을 받아 만들어지는 것이니 사실은 똑같은 것이 아니냐고 말한다. 그러면서 이번에는 자연에서 부여받은 몸이라는 측면에서는 인간이나 동식물이 똑같지만, 그들 사이에는 마음의 차이가 있어 구별된다고 넌지시 또 다른 관점을 제시한다. 이 내용은 아리스토텔레스의 삼혼설(三魂說)이나 순자(荀子)의 이론을 참고했을 것이다.

그러면서 이번에는 이렇게 마음의 차이가 있다면 인간과 동식물

사이에는 귀천도 있는 것이냐고 또다시 대답을 유도한다. 그러자 허자는 그 미끼를 덥석 물고 동물은 지혜가 없고 식물은 깨달음이 없으며 예법이나 의리는 더욱 없으니, 인간이 동물보다 귀하고 식물이 동물보다 천하다고 정통 유학의 입장에서 그 차이가 있음을 자신 있게 대답한다. 사실 지혜를 비롯해 예법과 의리 등이 인간에게만 있다는 것은 오늘날의 지식으로 볼 때도 맞는 주장이다. 그러나 그것은 어디까지나 '인간이 만물의 주인'이라든가 '인간은 만물의 영장'이라고 하는 인간 중심적인 사고에서 나온 말에 지나지 않는다. 지혜와 예법이 있다고 더 귀한 존재라고 말할 수 있는 것은 아니지 않는가?

> 실옹: (고개를 쳐들고 웃으며) 그대는 참으로 인간이로다. 오륜(五倫)과 오사(五事)는 인간의 예의요, 떼를 지어 다니고 울부짖고 먹고 먹히는 것은 금수의 예의요, 총총히 모여 우거지고 가지 뻗어 번성하는 것은 초목의 예다. 인간의 눈으로 동식물을 보면 인간이 귀하고 그것들이 천하지만, 동식물의 입장에서 인간을 보면 동식물이 귀하고 인간이 천하며, 하늘의 입장에서 보면 사람과 만물은 동등하다.
>
> 무릇 동식물은 지혜가 없으므로 속이는 것이 없고, 아는 것이 없으므로 인위적으로 하는 것도 없다. 그런즉 동식물이 인간보다 귀하다고 본다면 더욱 심오하다고 할 수 있다. 또 봉황

은 천 길이나 높은 곳에서 날고 용은 하늘에서 날며, 점치는 데 쓰는 풀인 시초(蓍草)와 제사용 술에 넣는 풀인 울초(鬱草)는 신령과 통하고 소나무와 잣나무는 재목이 되기를 기다리는데, 이것들을 인간에게 견주면 무엇이 귀하고 무엇이 천하단 말인가?

무릇 대도(大道)에 해가 되는 것으로 자랑하는 마음보다 심한 것이 없으니, 인간이 인간을 귀하게 여기고 동식물을 천하게 여기는 것은 자랑하는 마음을 그 밑바탕에 둔 탓이다.

허자: 봉황과 용이 난다고 해도 동물일 뿐이고, 시초와 울초와 소나무와 잣나무도 식물일 뿐입니다. 그것들의 어짊은 백성에게 혜택을 베풀기에는 부족하고, 그것들의 지혜는 세상을 다스리기에는 부족하며, 또 그것들은 복식(服飾, 의복과 그 꾸밈새)이나 의장(儀章, 상하를 구별하고 위엄을 드러내기 위해 나타내는 모든 것) 같은 제도도 갖추지 못했고, 그것들은 예악과 군사와 형벌 제도를 사용하지도 않으니, 동식물이 어찌 인간과 같다고 하겠습니까?

실옹: 심하구나, 그대의 미혹됨이! 〔용이 날아도〕 물고기들이 놀라서 달아나지 않는 것은 용이 자기 백성에게 은혜를 베푸는 것이고, 〔봉황이 날아도〕 새들이 놀라 도망가지 않는 것은 봉황이 세상을 다스리는 것이다. 구름의 다섯 빛깔은 용의 의장이요,

온몸에 난 무늬는 봉황의 복식이며, 바람과 천둥과 벼락이 치는 것은 용의 군사와 형벌이고, 높은 봉우리에서 화답하며 우는 것은 봉황의 예악(禮樂)이며, 시초와 울초는 종묘(宗廟)와 사직(社稷)에서 보배롭게 쓰이고, 소나무와 잣나무는 동량(棟梁, 집의 마룻대와 대들보)의 소중한 물건이다.

그러므로 옛사람들이 백성에게 은혜를 베풀고 세상을 다스린 것은 만물에 의지해 거기서 본받지 않음이 없었다. 임금과 신하의 예의는 대체로 벌에게서 취했고, 군대가 진을 치는 방법은 대부분 개미에게서 취했으며, 예절은 대체로 다람쥐에게서 취했고, 그물을 설치하는 법은 거미에게서 취했다. 그러므로 "성인은 만물을 본받는다."고 하니, 지금 그대는 어찌 하늘의 입장에서 만물을 보지 않고, 오히려 인간의 시각으로 만물을 본단 말인가?

이제 실옹은 허자의 인간 중심의 관점에 결정타를 날린다. 인간과 만물은 귀하고 천함이 없이 똑같다는 인물균(人物均), 만물제동(萬物齊同) 사상을 제시하면서 허자의 논리를 뒤집기 때문이다. 여기서 '인간과 동식물은 균등하다.'는 인물균 사상은 홍대용이 주장한 이론으로 조선 후기 성리학 가운데 '인간과 동식물은 그 본성부터 같다.'는 인물성동(人物性同) 이론과 유사한 측면이 있다. 만물제동은 장자 사상의 핵심 가운데 하나로, 하늘의 입장에서 보면 인간을 포함한 만물은 모두 동등한 존엄함과 가치를 지닌다는 생각이다.

사실 실옹이 질문에서는 인간과 동식물이 다른 까닭을 말해 보라고 해 놓고 그 답에서는 본질적으로 다르지 않을 뿐만 아니라 귀천도 없다고 말한 것이니, 참으로 고약한 질문 방식이 아닌가? 질문 자체를 부정해야 답이 나오니, 실옹이 던진 질문은 일종의 함정이었던 셈이다. 어찌 보면 생각을 창의적으로 바꾸는 역발상을 해야 그 답을 찾을 수 있다.

어쨌든 실옹은 허자가 가진 인간 중심주의를 부정한다. 인간은 사회를 이루고 각종 제도나 문물을 만들어 산다는 점에서 동식물보다 우월하다고 주장하는 허자의 논리는 다름 아니라 오늘날 우리가 가지고 있는 논리이기도 하다. 이제껏 인간은 자신의 입장에서 세상 만물을 판단하고 다스려 왔다. 지금까지 인류 문화는 이런 인간의 입장에서 만들어진 것이었다. 이 과정에서 인간은 자연 속에 있는 다른 존재들, 즉 동식물이든 광물이든 다른 사물들에 대한 배려나 그들과의 공존보다는 그것들을 이용의 대상으로만 보았다. 그 결과 인간 문명은 자연 파괴 등 수많은 부작용을 낳았고, 이제는 인간 자신에게까지 그 후유증이 미치고 있는 실정이다.

홍대용은 실옹의 입을 빌려 이러한 인간의 오만함, 인간 중심주의를 비판의 심판대에 올린다. 그 논리의 근거로 제시하는 것이 바로 상대적 가치관이다. 실옹은 동식물의 입장에서 보면 동식물이 귀하고 인간이 천하다고 말한다. 이 말은 곧 보는 입장에 따라 귀천의 가치가 달라질 수 있다는 상대적인 입장이다. 또한 만물은 동등하며 귀하고 천함의 차이가 없다는 말로 인간 중심의 가치와 논리를 부정하기도 하다. 어디서 많이 들어 본 소리 아닌가?

참새가 잘났다고 힘껏 날아올라도 겨우 느티나무 수준이며, 구만 리 창공을 나는 봉황새의 날갯짓을 따라 잡을 수 없다. 여름철 하루살이는 겨울철을 알 수 없고, 우물 안 개구리는 넓은 바다를 모른다. 그런데도 잘난 척 많이 안다고 떠든다. 이처럼 자신만이 많이 알고 귀하다고 여기는 것은 그의 오만함일 뿐 입장을 바꿔 생각해 보면 만물은 똑같이 귀하고 동일한 가치를 지닌다. 만물은 모두 동등하다는 것, 이는 바로 만물제동이라는 말이며 《장자》에 나온다. 이렇게 홍대용은 장자의 관점을 가지고 와서 좁은 인식의 한계에 갇혀 있는 허자 같은 유학자들을 비판한다.

그러면 홍대용은 무슨 의도에서 이런 말을 한 것일까? 그것은 당시 오직 주자의 이론만을 신봉하며 다른 사상이나 학문을 인정하지 않던 사람들을 비판하기 위한 것이다. 본문에서는 인간 중심주의, 즉 인간의 오만함을 이야기하지만 그 속뜻은 그렇게 생각하도록 만든 학문이나 종교의 오만함을 말하려는 것이다. 사실 한 시대의 지배적인 학문이 오만함에 빠지면 다른 학문이나 사상은 잘못된 것 또는 이단으로 배척하고 받아들이지 않는다. 홍대용이 살던 시대 조선 후기의 학문적인 분위기도 그랬다. 주자 성리학과 조금이라도 다른 주장을 펼치는 사람이 있으면 사문난적으로 몰아 사회적·학문적 테러를 자행했다. 그 대표적인 희생자가 윤휴(尹鑴, 1617~1680)나 박세당(朴世堂, 1629~1703)처럼 같은 성리학자이면서도 주자 성리학에 비판적이던 인물들이다. 이 같은 당시 조선의 사상적 경직성을 홍대용은 장자의 만물제동 이론을 끌어와 풍자하고 비판했다.

홍대용이 말한 만물이 동등하다는 관점은 열린 마음으로 사물을 보라는 학문 자세를 의미하는 것이기도 하다. 또한 이는 당시 조선 지식인들이 배척하던 서학과 서학의 자연 과학 이론을 선입견과 편견 없이 보라는 뜻이기도 하다. 이는 자신만이 옳다고 믿는 좁은 생각을 버리고 다른 사람이 옳을 수도 있다는 상호 인정과 열린 자세를 강조한 말이다. 더 나아가 뒤에서 말할 세상의 중심이 없어 중국이나 오랑캐가 똑같다는 논리를 뒷받침해 주는 말이기도 하다.

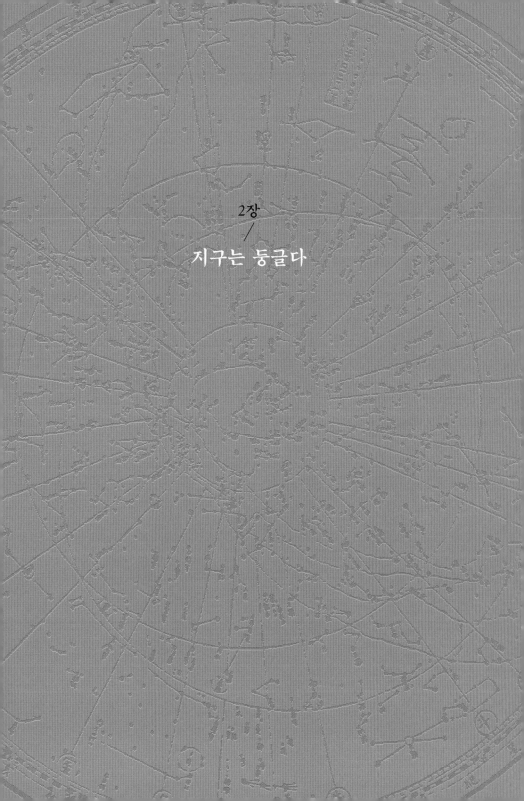

2장
/
지구는 둥글다

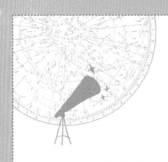

　　1장이 새로운 학설이나 자연 과학적인 사실을 받아들이기 위해 독단과 아집을 버리고 마음 열기를 주장한 것이었다면, 2장부터는 본격적으로 새로운 학설 특히 서양의 자연 과학 이론을 다룬다. 2장은 그 가운데 지구에 대한 여러 과학적 주제를 다룬다. 이는 당시의 유학자들이 인간의 윤리나 도덕 문제를 더 중요하게 여기고 탐구했던 데 비해 탐구 주제를 자연 과학의 세계로 돌리는 일이기도 했다. 그러나 홍대용은 서양 선교사들의 이론을 그대로 받아들이지는 않았다. 그는 그들이 소개한 과학 이론을 비판적으로 바라보면서 구체적인 검증을 통해 받아들이려고 노력했다. 그래서 전통적인 기 철학을 바탕으로 내용을 재조정한 것도 있고, 자신의 독창적인 생각으로 새로 세운 이론도 있다.

　　2장에 등장하는 주요 이론으로는 전통적인 기 철학에 바탕을 둔 만물 생성론, 전통적인 천원지방설을 부정한 지구 구형설, 지구 자전설, 상하의 기세 곧 지구 중력의 발생 이론, 지구 구형설에 바탕을 둔 세계의 중심 부정, 그리고 무한 우주설 등이 있다.

　　이 가운데 만물 생성론은 동양의 전통적인 기 철학 이론을 바탕으로 서양의 4원소설 등을 결합한 이론이다. 한마디로 말하자면 지구나 별, 태양 등 천체를 포함한 만물은 기가 뭉쳐서 이루어지며 만물이 죽거나 사라지면 다시 기로 변한다는 것인데, 여기서 기는 마치 에너지나 미세한 물질처럼 공간을 가득 채우고 있는 활성 물질이라고 볼 수 있다. 이에 비해 지구 구형설이나 세계의 중심 부정 등은 전통적인 관점을 부정하고 서양의 이론을 근거로 한 것들이다. '하늘은 둥글고 땅은 네모나다.'는 전통적인 천원지방설을 극복하고 지구가 둥글다고 보는 지구 구형설은 서양에서는 여러 증거로 입증된 이론이다. 그리고 지구 구형설에 따라 세계에 특정한 중심이 있는 것이 아니라 지구 상의 어느 지점이든 그곳이 중심일 수 있다고 주장한다. 이것은 당시 조선의 성리학자들이 굳게 믿었던 화이론을 부정하는 주장이다. 한편 홍대용은 서양 선교사들과는 달리 지구가 매일 한 바퀴를 돈다는 지구 자전설을 주장한다. 당시까지 전해진 서양 과학 이론에 따르면 지구가 우주의 중심에 있고 태양 등이 그 주변을 돈다는 천동설을 믿으며 지구가 자전한다고는 생각지 않았다. 또한 우주는 무한하게 펼쳐져 있다는 무한 우주설도 서양에서 전래된 이론에 앞서 홍대용이 독창적으로 주장했다.

이렇게 2장은 자연 과학 이론 가운데 지구와 관계된 큼직한 주제들을 다룬다. 그런데 여기서 눈여겨보아야 할 점은 홍대용의 탐구 자세라 하겠다. 그는 전통 이론이든 서양 학설이든 그것을 그대로 받아들이지 않고 항상 비판과 검증의 과정을 거치며, 때로는 그것을 수정하기도 한다. 이것은 오늘날에도 유용한 탐구 자세로 매우 합리적이고 과학적인 자세라고 할 수 있다. 그러면 홍대용의 이런 자세를 본보기로 삼아 조금 어렵지만 지구에 대한 과학 이론에 도전해 보자.

1 지구가 추락하지 않는 이유

허자: (실옹의 호통에 깜짝 놀라 크게 깨닫고는 다시 절을 하고 앞으로 나오며) 인간과 만물에 분별이 없다는 것에 대해서는 삼가 가르침을 받들겠습니다. 그렇다면 인간과 만물이 생겨나는 근원은 무엇입니까?

실옹: 좋은 질문이다. 비록 그러하나 인간과 만물의 생성은 하늘과 땅을 근원으로 하니 내가 먼저 하늘과 땅의 실제 모습부터 말해 주겠다.

우주 공간에 빈틈없이 꽉 차 있는 것은 기(氣)다. 그것은 〔공간적으로〕 안도 없고 밖도 없으며 〔시간적으로〕 시작도 없고 끝도 없는데, 넓을 뿐만 아니라 크다. 그곳에 쌓인 기는 바닷물처럼 망망하게 출렁거리는데, 엉겨 모이면 〔사물을 형성하는〕 형질(形質)을 이룬다. 〔이렇게 이루어진 형질은〕 허공에 두루 퍼져 돌기도 하고 한곳에 머물러 있기도 하는데, 이른바 지구와 달과 해와 별이 그것이다.

무릇 지구는 물과 흙이라는 물질로 이루어져 있고, 그 몸체는 완전한 공 모양이며, 〔자전해〕 돌면서 쉬지 않고, 허공 가운데 떠서 한곳에 머물러 있으며, 만물은 그 표면에 의지하고 거기에 달라붙어 있다.

이 글의 요점은 우주와 만물의 근원은 바로 기이며, 해나 달, 별 같은 천체 또한 기가 엉겨 이루어졌고, 지구 또한 그러하다는 것이다. 그리고 지구는 흙과 물이라는 원소를 바탕으로 이루어져 있는데, 그 모양은 둥글고 자전하며 생물은 그 표면에 붙어서 산다고 한다.

먼저 우주에 꽉 차 있는 기가 엉겨 물질의 바탕을 이루어 만물이 생겨났다고 보는 견해는 동아시아 전통의 기 철학에서 말하는 만물 생성론과 동일하다. 그런데 지구는 물과 흙의 두 원소(물질)로 이루어져 있다는 홍대용의 주장은 전통적인 기 철학 이론과는 다른 견해다. 왜냐하면 당시까지 성리학자들은 만물이 음양과 오행의 기가 밑바탕이 되어 이루어진다고 믿었기 때문에, 지구만 물과 땅의 두 원소로 이루어졌다고 보지 않았다.

홍대용의 이런 주장은 서양 선교사들이 전한 만물이 흙, 물, 공기, 불로 이루어졌다는 4원소설의 영향을 받았다고 할 수 있다. 다만 홍대용은 이 가운데 공기는 전통적인 기(氣)와 글자가 같아서 전통적인 개념의 기로 이해했고, 뒤에 나오지만 불은 지구가 아니라 태양과 연관시켰으니, 지구는 흙과 물의 두 원소로 이루어졌다고 생각했다.

그런데 지구에 대한 홍대용의 이론 가운데 서양에서 전해 온 이론과 다른 것은 지구가 스스로 돌아간다는 '지전설(地轉說)', 곧 지구 자전을 주장했다는 점이다. 당시까지도 서양 선교사들은 천동설을 믿었기 때문에 지구가 자전한다는 사실을 받아들이지 않았다. 그래서 최근까지 홍대용의 지전설이 동양 최초의 지구 자전설이라고 보았으나, 홍대용보다 앞서 김석문(金錫文, 1658~1735)이 주장했다는 설도 만만치 않게 제기되었다.

허자: 옛사람들이 "하늘은 둥글고 땅은 네모나다."고 했는데, 지금 선생께서 땅의 몸체가 완전한 공 모양이라고 하신 것은 무슨 까닭입니까?

실옹: 심하구나, 사람이 깨닫지 못함이여! 〔일반적으로〕 만물이 형체를 이룰 때는 원형이지 네모난 것은 없는데 하물며 지구야 말해 무엇 하겠는가? 달이 태양을 가리면 일식이 일어나고 달에 의해 가려진 부분은 반드시 둥근데, 그것은 달이 둥글기 때문이다. 지구가 태양을 가리면 달에 월식이 일어나고 지구에 의해 가려진 부분 또한 원형이니, 지구가 둥글기 때문이다. 그러므로 월식이란 지구를 비추는 거울이다. 월식을 보면서 지구가 둥글다는 것을 알지 못하는 것은 거울을 가지고 스스로 비춰 보면서 자기 얼굴을 알아보지 못하는 것과 같으니, 어리석지 않은가?

예전에 증자(曾子)가 "하늘이 둥글고 땅은 네모지다면 네 모서리가 둥근 하늘과 서로 맞물리지 않는다."고 말했는데, 여기에는 이 말이 스스로 유래하는 근거가 있을 것이다. 무릇 하늘이 둥글고 땅이 네모지다는 것에 대해 어떤 사람은 하늘과 땅의 성질(성능)을 말한 것이라 했다. 그대가 옛사람의 기록에서 전하는 말을 믿는 것과 지금 눈앞에서 바로 보고 증명한 실제 모습이 어찌 서로 똑같겠는가? 정말로 땅이 네모지다면 네 모퉁이와 여덟 꼭짓점이 있고 여섯 면이 고르게 평평한〔정육면체가 되므로〕 각각의 변두리는 가파른 절벽이 되어 마치 담장이나 벽이 서 있는 것처럼 될 것이니, 그대의 견해는 이와 같은가?

허자: 그렇습니다.

실옹: 그렇다면 강과 바다의 물과 인간과 만물이 한 면에 모여 산다는 것인가? 아니면 여섯 면에 퍼져서 산다는 것인가?

허자: 맨 윗면에 모여 삽니다. 대체로 옆면에서는 옆으로〔붙어〕살 수 없고, 아랫면에서는 거꾸로〔매달려〕살 수 없습니다.

실옹: 그렇다면 옆면에서 옆으로〔붙어〕살거나 아랫면에서 거꾸로〔매달려〕살 수 없다는 것은 아래로 떨어지기 때문이 아닌가?

허자: 그렇습니다.

지구가 둥글다는 것을 일식과 월식의 예를 들어 설명한 다음 천원지방설을 논박하고 있다.

먼저 지구가 둥글다는 말은 전통적인 천원지방설과 맞지 않는다는 허자의 의문에 실옹은 만물이 형체를 이루는 처음에는 일반적으로 그 모습이 둥글다는 것, 또 일식과 월식 현상에서 눈으로 확인할 수 있듯이 지구의 모습이 둥글다는 것을 근거로 제시한다. 이런 내용은 모두 전래된 서학 서적에도 들어 있다.

다음으로 천원지방설의 문제점을 비판하고 있다. 천원지방설의 가장 큰 문제점은 둥근 하늘과 네모난 땅이 서로 일치하지 않는다는 점이다. 《예기》에 나오는 공자의 제자 증자(曾子, 기원전 505~기원전 436)의 말도 그 점을 지적한 것이다. 이런 문제점을 보완하기 위해 천원지방은 하늘과 땅이 지닌 속성을 드러낸 말이라는 의견도 나온다. 하지만 홍대용이 살던 당시까지 대부분의 학자는 허자처럼 천원지방을 굳게 믿었다. 이에 허자에게 몇 가지 질문을 던져 스스로 잘못을 깨닫게 하려고 했다. 그래서 먼저 정말로 땅이 네모지다면 그 모양은 평면이 아니라 정육면체가 되어야 하는데, 사람들은 옆면이나 아랫면이 아니라 맨 윗면에 살아야 한다는 허자의 답을 유도한다. 실제로 이렇다면 정말 많은 문제가 생기기 때문이다. 이런 논증은 서양의 책들에도 자세하게 나오는 내용이다.

실옹: 그렇다면 인간과 사물처럼 작은 것도 아래로 떨어지는데, 오히려 지구처럼 무거운 땅덩어리가 어째서 아래로 떨어지지 않는가?

허자: 기(氣)가 지구를 위에 태우듯이 싣고 있기 때문입니다.

실옹: (화난 목소리로) 군자는 도를 논할 때 이치에 맞지 않으면 잘못을 인정하나, 소인은 도를 논할 때 말이 궁색해지면 피하는 법이다. 물에 배를 띄울 때도 물은 빈 배인 경우에는 〔쉽게〕 띄우나 배에 짐이 가득 차 무거우면 침몰할 위험이 있다. 〔물처럼〕 기는 힘이 없는데 지구 같은 큰 땅덩어리를 어찌 띄울 수 있다는 말인가? 지금 그대는 낡은 견문(見聞)에 매이고 이기려는 마음에 사로잡혀 입에서 나오는 대로 지껄이며 남을 가로막으니, 커다란 진리에 대해 듣기를 바란다면서 그릇된 태도가 아닌가?

북송(北宋)의 사상가인 소옹(邵雍)은 사리에 통달한 선비였는데, 이치를 찾다 얻지 못하자 "하늘이 땅에 의지하고, 땅은 하늘에 붙어 있다."고 말했는데, '땅이 하늘에 붙어 있다.'고 말한 것은 옳지만 '하늘이 땅에 의지하고 있다.'는 것은 아득하게 드넓은 하늘이 하나의 땅덩어리에 의지하고 있다는 말인가?

또 지구가 추락하지 않는 것은 저절로 그런 기세(氣勢)가 있기 때문이지, 하늘에 매달려 있는 것이 아니다. 소옹의 앎이 여기에 미치지 못했으므로 억지로 큰 소리를 쳐 한 세대를 속였으니, 이것은 소옹이 스스로 속인 것이다.

허자: (절을 하고 나서) 제가 말실수를 하고도 감히 잘못을 알지 못했습니다. 비록 그러하나 새의 깃털이나 짐승의 털같이 가벼운 물건도 모두 아래로 떨어지는데, 크고 무거운 땅덩어리가 끝내 예전 그대로 있으면서 떨어지지 않는 것은 무슨 까닭입니까?

실옹: 낡은 견문에 매여 있는 자와 함께 도를 말할 수 없고, 남을 이기려는 마음에 사로잡혀 있는 자와 함께 논쟁할 수 없구나. 그대가 커다란 진리를 알고 싶으면 그대의 낡은 견문을 씻어 내고 남을 이기려는 마음을 떨쳐 없애라. 그대가 마음을 비우고 입을 조심한다면, 내가 어찌 숨길 것이 있겠는가?

무릇 드넓은 우주에는 천지와 사방의 구분이 없는데, 어찌 [위가 되고 아래가 되는] 상하의 기세가 있겠는가? 또 그대는 말해 보라. 그대의 발은 땅에 떨어지는데, 그대의 머리는 하늘로 떨어지지 않는 것은 무슨 까닭인가?

허자: 그것은 [무게가 있는 물체가 아래로 떨어지는] 상하의 기세 때문입니다.

실옹: 그렇다. 내가 또 그대에게 묻노니 그대의 가슴은 남쪽으로 추락하지 않고 그대의 등은 북쪽으로 추락하지 않으며, 왼쪽 팔

은 동쪽으로 추락하지 않고 오른쪽 팔도 서쪽으로 추락하지
않는 것은 무슨 까닭인가?

허자: (웃으며) 그것은 남쪽과 북쪽을 향하는 기세가 없고, 또한 동
쪽과 서쪽을 향하는 기세도 없기 때문입니다.

여기서는 지구가 아래로 추락하지 않는 까닭을 밝히려 하고 있다.

먼저 지구가 아래로 떨어지지 않는 까닭을 "기가 지구를 위에 태
우듯이 싣고 있기 때문"이라고 한 허자의 대답은 전통적인 기 철학
에 근거해서 나온 말이다. 그러나 이에 대해 실옹은 지구 같은 무거
운 땅덩어리를 가벼운 기가 띄울 수 없다고 호통친다. 그러니까 홍대
용은 기를 자연 상태의 공기처럼 힘이 없고 가벼운 것으로 보았던 것
이다. 그런데 재미있는 것은 같은 실학자이면서 정반대의 주장을 하
는 학자도 있다는 사실이다. 홍대용보다 후대의 실학자이자 기 철학
자였던 최한기(崔漢綺, 1803~1877)는 마치 물이 배를 싣듯이 우주에 있
는 기가 지구와 행성을 실어 운행한다고 말한다. 최한기가 이렇게 기
가 행성을 실어 운행시킬 수 있는 힘을 가졌다고 말했던 것은 지구의
공전 사실을 알았기 때문이다.

반면에 지구의 공전 사실을 몰랐던 홍대용은 지구가 추락하지 않
는 이유를 상하의 기세가 없기 때문이라고 보았다. 상하의 기세란 지
구의 중력 때문에 위와 아래의 구분이 있어 질량이 있는 물체가 아래

로 떨어지는 형세를 말한다. 그러니까 우주에는 중력이 없어서 지구가 우주의 일정한 곳에 머물 수 있다는 것인데, 우주에는 전후좌우와 상하로 작용하는 기세가 없다는 말이 그런 뜻이다. 오늘날의 입장에서 보면 우주가 무중력 상태라고 여기는 것이어서 홍대용의 주장은 부분적으로는 틀리지 않았으나 태양과 지구, 달 등이 서로 작용하는 만유인력 때문에 지구가 추락하지 않는다는 사실은 몰랐다고 하겠다.

본문 가운데 또 하나 흥미로운 내용이 있다. 허자와 실옹의 대화에 나오는 "낡은 견문에 매여 있는 자와 함께 도를 말할 수 없고, 남을 이기려는 마음에 사로잡혀 있는 자와 함께 논쟁할 수 없구나. 그대가 커다란 진리를 알고 싶으면 그대의 낡은 견문을 씻어 내고 남을 이기려는 마음을 떨쳐 없애라."라는 표현은 《장자》〈추수(秋水)〉 편에 나오는 황하의 신 하백과 북해의 신 약(若)의 대화 내용과 매우 비슷하다. 아마도 홍대용이 《장자》에 나오는 하백과 약의 대화 방식을 따른 것으로 보인다. 홍대용이 의도적으로 《장자》를 활용한 것이 아닌가 생각되는 대목이다.

2 지구의 자전과 상하의 기세

실옹: (웃으며) 훌륭하게 깨달았구나! 비로소 함께 도를 말할 수 있겠다. 지구와 해와 달과 별에, 즉 우주에 상하의 기세가 없다는 것은 그대의 몸에 동서와 남북의 기세가 없는 것과 같다.

또한 인간들이 지구가 추락하지 않은 것은 이상하게 여기면서도, 유독 태양과 달과 별이 떨어지지 않는 것은 이상하게 여기지 않으니 무슨 까닭인가? 무릇 〔우주에는 상하의 기세가 없으므로〕 태양과 달과 별이 하늘 위로 떠올라도 〔실제로〕 올라가는 것이 아니며, 땅으로 내려와도 〔실제로〕 땅에 떨어지는 것이 아니고, 공중에 매달려 언제까지나 머문다. 우주에 상하가 없음은 그 자취로 보아 매우 분명한데도, 세상 사람들이 〔그릇된〕 관습적인 견해에 익숙해 그 까닭을 찾지 않는다. 진실로 그 까닭을 찾는다면 지구가 추락하지 않는다는 것은 의심할 것이 못 된다.

무릇 지구는 자전해서 하루에 한 바퀴씩 돈다. 지구의 둘레는 9만 리이며 하루는 12시간이니, 9만 리의 거리를 12시간 안에 돌려면 그 운행 속도가 천둥 번개보다 빠르고 포탄보다 빠를 것이다. 지구가 이렇게 빠르게 자전하므로 허공의 기가 격렬하게 부닥치면서 하늘에서 막히니 땅으로 모여 상하의 기세가 생긴다. 이것은 지구 표면에서의 기세지 지구에서 멀어지면 이 기세는 없어진다.

또 자석이 철을 끌어당기고 호박(琥珀)이 티끌을 당기는 것은 근본이 비슷하면 서로 감응(感應)하는 것이 사물의 이치이기 때문이다. 그래서 불이 위로 타오르는 것은 태양을 근본으로 하고, 조수(潮水)가 위로 솟구치는 것은 달을 근본으로 하며, 만물이 아래로 떨어지는 것은 지구를 근본으로 하기 때문이다.

지금 인간들이 지면의 상하만 보고 망령되게 우주의 정해진 형세를 생각하고 지구 주위로 둘러싸고 모여드는 것〔기운〕을 살피지 않으니 이 또한 비루하지 않은가? 또 말하기를 "강과 바다의 물과 인간과 만물이 한 면에 모여 산다."고 하니, 이것은 오랑캐와 중국 사이의 땅 수만리 가운데 멀고 가까운 땅이 모두 고르게 평평하다는 말이다. 그렇다면 저 〔중국의〕 태산이나 큰 산악 그리고 바다 밖의 외국 땅도 높은 곳에 올라가 관측하며 바라보면 한눈에 모두 볼 수 있을 것이니, 과연 그것이 그러한가?

허자: 제가 평소에 들었습니다만, 그것은 인간의 시력에 한계가 있기 때문입니다. 이치상 이와 같을지도 모릅니다.

실옹: 인간의 시력은 본디 유한하다. 비록 그러하나 배를 타고 바다로 나가면 해와 달이 바다에서 떠서 바다로 지며, 〔들판에 나가〕 들판을 바라보면 해와 달이 들판에서 떠서 들판으로 진다. 이 경우 하늘이 바다와 들판에 닿아 있어서 보는 데 장애를 일으킨 것이 없으니, 〔외국 땅이 안 보이는 까닭이〕 시력에 한계가 있어서라는 설은 통용될 수 없다.

이 단락의 요지는 지상에서 상하의 기세, 즉 중력이 발생하는 원인을 지구 자전을 통해 밝히고 다시 한 번 천원지방설의 문제점을 비판하는 데 있다.

이제 홍대용은 본격적으로 지구가 하루에 한 바퀴씩 돈다는 지전설, 곧 지구 자전에 대해 이야기한다. 그런데 그가 지구의 자전을 갑자기 주장한 것은 아닌 듯 보인다. 학자들에 따르면 홍대용은 서양 선교사들이 지동설이 옳지 않은 이론이라고 여기던 것을 거꾸로 생각해서 그 설이 옳다고 보았다고 한다. 선교사들이 지동설을 옳지 않다고 생각한 내용은 《공제격치》에도 다음과 같이 나와 있다.

"그러나 또 누가 다르게 생각해서 말했다. '땅이 항상 운행하면서 돌고 하늘은 항상 편안히 정지해 있으나 거기에 사는 사람들은 깨닫지 못했으니, 도리어 잘못된 것은 하늘이 돌고 땅이 정지해 있다는 설(천동설을 말함)이다.'"

그러니까 이 인용문은 17세기 중국에 온 예수회 선교사들이 한 세기 전에 주장한 지동설을 인정하지 않고 있었음을 보여 준다. 이런 상황에서 홍대용이 선교사들의 주장을 뒤집어 지전설을 주장했다는 것은 그만큼 그의 뛰어난 탐구 정신을 드러내는 것이라 하겠다.

또한 지구가 빠르게 돌아서 지상에 상하의 기세, 즉 중력이 생긴다고 하면서 지구에서 멀어지면 이 기세가 없어진다고 주장한다. 물론 오늘날의 과학 지식에 따르자면 중력이 발생하는 원인은 틀린 내용이지만, 대기권에서만 지구의 중력이 작용한다는 것은 맞는 말이다. 여기서 주장하는 하루가 12시간이라는 말은 옛날에 하루를 재던 시간 단위에 따른 것이다.

이 글의 끝 부분에서는 다시 천원지방설을 비판한다. 지구가 만일 평평하다면 높은 곳에 올라가 보면 세상이 다 보여야 하는데, 그렇지 않다는 것은 비록 인간의 시력에 한계가 있음을 인정하더라도 지구가 둥글기 때문이라고 결론을 내린다.

3 모든 곳이 세계의 중심이다

실옹: 지구를 측량하는 것은 하늘을 관측한 것으로 기준을 삼고, 하늘을 관측하는 것은 남북극에 기준을 둔다. 하늘을 관측하는 방법에는 경도와 위도가 있다. 그래서 줄을 드리우고 그 줄의 연장선을 직선으로 올려다보며 관측한 도수를 천정(天頂)이라 부르고, 극(極)과의 거리에 따라 위도가 얼마라고 말한다.

지금 중국과 배나 수레로 통하는 지역은 북쪽으로 러시아가 있고 남쪽으로는 캄보디아가 있는데, 러시아의 천정과 북극의 거리를 각도로 계산하면 20도이고 캄보디아의 천정과 남극의 거리를 각도로 계산하면 60도다. 러시아와 캄보디아 두 천정 사이의 거리를 각도로 계산하면 90도이고, 두 지역 사이의 직선거리는 2만 2천5백 리다. 그래서 러시아 사람들은 러시아를 중심 세계로 삼고 캄보디아를 러시아 옆쪽의 세계로 삼으나, 캄보디아 사람들은 캄보디아를 중심 세계로 러시아를 캄보디아 옆쪽의 세계로 여긴다.

또 중국은 서양과 경도 차이가 180도이므로, 중국 사람들은 중국을 세계의 중심에 두고 서양을 지구 반대편에 거꾸로 있는 세계로 삼으나, 서양 사람들은 서양을 중심 지역으로 중국을 지구 반대편에 거꾸로 놓인 세계로 삼는다. 그러나 사실은 모두 하늘을 머리에 이고 땅을 밟고 살고 있으므로, 자기가 사는 세계에 따라 그러하다. 그러니 옆쪽의 세계도 거꾸로 놓인 세계도 없으며, 모두가 똑같이 세계의 중심이다.

세상 사람들이 옛날부터 항상 있어 온 것에 안주하고 익히면서도 살피지 않아 이치가 눈앞에 있는데도 미루거나 찾지 않았으니, 종신토록 하늘을 머리에 이고 땅을 밟고 살아도 그 실정에는 어둡다. 오직 서양의 한 지역에서만 지혜와 기술이 정밀하고 상세해 관측하며 판단한 것을 다 갖추었으니, 지구에 대한 설명은 다시 의심의 여지가 없다.

먼저 천구에 대한 이론을 바탕으로 지구 위에 있는 두 지점의 거리를 계산하는 원리를 소개한다. 나아가 지구가 둥글다는 전제에서 보면 모든 지역이 똑같이 세계의 중심이니 특별히 한 지역만 세계의 중심이 될 수 없다는 것을 주장한다. 이 또한 뒤에서 화이론(華夷論)을 비판하기 위한 근거 자료가 된다.

여기서 두 지점 사이의 거리 계산법은 《건곤체의》에 나오는 내용이다. 이를테면 같은 경도 상에 있는 두 지점의 천정과 천극의 각도만 알면 거리를 구할 수 있다는 것이다. 즉 지구의 둘레를 알고 있으므로 두 지점 사이의 중심각만 알면 비례식에 의해 두 지점 간의 거리를 간단히 구할 수 있다.

이런 원리로 러시아와 캄보디아의 거리를 계산해 보자. 곧 지구의 둘레가 9만 리이므로 위도 90도의 차이라는 것은 지구 둘레가 360도이니 4분의 1에 해당되어, 비례식으로 계산하면 정확히 2만 2천5백 리가 된다. 물론 본문의 설명대로라면 러시아와 캄보디아의 위도 차이는 100도인데, 오늘날 정확하게 실측한 것과는 위도와 거리 모두 다르다.

다음으로 중요한 내용은 지구가 구형이기 때문에 중심 지점이 없다는 주장이다. 어떤 곳이든 그곳을 중심으로 삼아 거리나 위치 등을 계산하는 상황이니 특정한 중심이 있다는 주장은 과학적인 사실에도 어긋난다는 말이다. 그런데 이 문제는 이제까지 가지고 있던 중국 중심의 화이론을 뒤집는 근거라는 점에서 매우 중요한 내용이다. 화이론은 원래 중국이 세계의 중심이고 그 주변에는 이민족인 오랑캐가 산다고 구분하던 중국 중심의 지배 논리인데, 여진족이 세운 청나라를 오랑캐로 보고 중화 정신을 이어받은 조선이 소중화라는 주장으로 이어지는, 당시 조선 후기 성리학자들의 대외 인식이기도 했다. 그런데 "모두가 똑같이 세계의 중심이다."라는 말은 이러한 화이론을 부정하는 열쇠 말이다. 지구가 둥글기 때문에 중심이 없다는 과학적인 진리로 당시 고루한 사대부들의 그릇된 생각을 깨려는 홍대용의 진면목을 읽을 수 있는 대목이다.

4 상하의 기세가 생기는 원인

허자: 지구의 몸체와 상하의 기세에 대해서는 삼가 가르침으로 받아
들이겠습니다. 감히 묻습니다만, 지구의 자전이 폭풍처럼 그
렇게 빠르면 허공의 기가 격렬하게 부닥치면서 그 힘이 반드
시 맹렬할 텐데 사람과 만물이 쓰러지거나 엎어지지 않는 것
은 무슨 까닭입니까?

실옹: 만물이 생성되면 저마다 기가 감싸는데, 크거나 작은 몸체가
있으면 그것을 둘러싸는 기에도 두터운 것과 얇은 것이 있다.
이는 마치 새알에 흰자와 노른자가 서로 붙어 있는 것과 같다.
지구의 몸체가 크니 〔지구를〕 감싸는 기 또한 두터운데, 그 기
가 지구를 감싸고 운동하면서 지구를 하나의 공처럼 붙잡아
〔지구와 함께〕 공중에서 자전하며 허공의 기와 마찰을 일으
킨다.

두 기가 맞닿는 사이의 기는 격렬하게 부닥치며 폭풍처럼 빠
른데, 〔도교의〕 술사(術士)들이 그것을 헤아려 〔하늘 높이 부는〕
강풍(罡風)으로 알았다. 이곳을 지난 그 바깥은 크고 넓은 곳인
데 푸르고 고요하다. 이 두 기가 서로 부닥칠 때 안쪽에서는
기가 지면으로 모이는데, 마치 강가에서 강물이 격렬하게 돌

아 흐르는 것과 같다. 상하의 기세는 이와 같은 까닭으로 이루어진다.

그러나 나는 새가 멀리 빙빙 돌며 구름이 피었다 걷히는 것과 같이, 물고기와 용이 물속에서 놀고 두더지가 땅속에서 다니는 것과 같이, 지면에 모이는 기의 한가운데에서 헤엄치고 있어도 그것들이 쓰러지거나 엎어질 염려가 없거늘, 하물며 인간과 만물처럼 지면에 붙어 있는 것이야 말해 무엇 하겠는가? 그러니 그대가 생각하지 않음이 심하다 하겠다. 지구가 도는 것이나 하늘이 도는 것이나 그 형세는 마찬가지다. 만일 쌓인 기가 몰아치는 것이 폭풍보다 맹렬하다면, 인간과 만물이 쓰러지고 엎어지는 것이 반드시 갑절이나 더 심할 것이다. 돌아가는 맷돌에 붙어 있는 개미에 비유하자면, 개미가 맷돌에 붙어 빨리 돌다가 바람을 만나 쓰러지는 것을 깨닫지 못하는 것처럼 하늘이 도는 것을 이상하게 여기지 않으면서 지구가 도는 것을 의심한다면, 이는 생각하지 않음이 심한 것이다.

여기서는 지구가 격렬한 자전을 한다면 그 여파로 지상에서 만물이 쓰러지지 않는 까닭이 무엇인지 그 답을 주고 있다.

사실 이 질문은 아주 중요한 내용을 포함하고 있다. 서양에서 오랫동안 지구의 자전을 인정하지 않은 이유가 바로 이것과 연관되기 때문이다. 아리스토텔레스는 만일 지구가 자전한다면 그 자전 속도 때문에 맹렬한 바람이 불어 지상의 물체들을 한순간에 날려 버릴 것이라고 생각했다. 그래서 서양 사람들은 고대 그리스 시대부터 천동설을 유지할 수밖에 없었고, 그것이 중세까지 이어진 확고한 전통이었다.

그런데 홍대용은 그때까지 뉴턴의 중력 이론을 접하지 못했지만, 당연히 지상의 중력 현상이 왜 일어나는지에 대한 설명이 있어야 한다고 믿었다. 그것이 바로 상하의 기세가 생기는 원인이 지구의 자전 때문이라고 주장한 배경으로 보인다.

그렇다면 홍대용이 아리스토텔레스와 같이 맹렬하게 쏟아지는 기세나 바람으로 지상의 만물이 쓰러진다고 보지 않은 이유는 무엇이었을까? 홍대용은 높이 허공을 나는 새나 거센 물살 속에서 헤엄치는 물고기가 세찬 기의 흐름에도 자연스럽게 행동하고, 맷돌에 붙은 개미가 맷돌이 빠르게 돌아가도 떨어지지 않는 것처럼 지구가 자전해도 그 기의 흐름 안에서는 영향을 받지 않는다고 말한다. 마치 달려가는 열차 속에서 날아다니는 파리가 날려 가지 않는 것과 같이, 지구처럼 큰 사물에는 그것을 둘러싼 기가 있어서 그 안의 만물은 기세의 영향을 받지 않는다는 것이다. 개미와 맷돌의 비유는 동아시아 고대의 천문학 이론서나 선교사들의 저술에서도 발견되는 것이다. 지금은 대기권이 보호한다는 것이 정설이니 홍대용의 주장도 나름의 일리가 있어 보인다. 물론 중력이 발생하는 원인이 지구의 자전 때문이라고 본 견해는 틀린 것이다.

5 지전설과 무한 우주설

허자: 비록 그러하나 이론이 정밀하고 자세하다는 서양에서도 "하늘
이 움직이고 땅이 정지해 있다."고 했고, 공자 또한 중국의 성
인으로서 "하늘의 운행은 굳건하다."고 하셨습니다. 그렇다면
이런 주장들이 모두 잘못된 것인가요?

실옹: 좋은 질문이다. "백성들은 이치대로 따르게 할 수는 있어도 이
치를 알게 할 수는 없고, 군자는 풍속을 따라 가르침을 베풀며
지혜로운 자는 마땅함을 따라 말을 한다."라는 옛말이 있다.
땅이 정지해 있고 하늘이 돈다는 것은 인간들의 상식적인 견
해다. 백성들이 그런 생각을 가지고 있어도 해로움이 없고 책
력(冊曆, 천체를 측정해 해와 달의 운행과 절기를 적은 책)을 만들어
반포하는 데도 어그러짐이 없으니, 그렇게 생각하도록 해서
다스리는 것이 마땅하지 않겠는가?
송나라 때의 유학자인 장재(張載)는 이런 뜻을 조금 밝혔고, 서
양 사람들 또한 주행안행설(舟行岸行說)을 두어 추론했는데, 이
말은 매우 분명하다. 곧 그들이 천문을 관측하는 데 이르러 하
늘이 움직인다는 설을 전적으로 주장한 것은 천체의 운행을
관측해 책력을 만드는 데 편리했기 때문이다. 따라서 하늘이

움직이는 것이나 지구가 도는 것이나 그 [관측상의 결과인] 형세는 마찬가지니, 나누어 말할 필요가 없다. 다만 지구가 9만리를 매일 한 바퀴 도는 것은 이같이 폭풍처럼 빠를 뿐이다. [만일 하늘이 돈다면 원 운동을 하므로] 저 별들과 지구의 거리는 그 별들이 운행하며 도는 하늘의 반지름 정도인 것 같으나 오히려 [실제로는] 몇천만 억 리가 되는지 알지 못한다. 하물며 별들 밖에 또 별들이 있는 실정에서는 말해 무엇 하겠는가? 우주가 끝이 없으니 별 또한 끝도 없이 존재하며, 그 별이 있는 우주의 둘레를 말하자면 너무 멀어 헤아릴 수 없다. [만일 그렇게 먼 하늘이 돈다고 가정한다면] 하루 사이에도 별이 운행하는 빠르기를 생각해 보면, 천둥과 번개와 포탄에 견주어도 여기에 미치지 못할 것이다. 이것은 정교한 역법으로도 계산할 수 없고 뛰어나게 말을 잘하는 사람도 설명할 수 없는 일이다. 하늘이 돈다는 것이 이치에 맞지 않는 것은 많은 말이 필요 없다.

홍대용의 핵심 이론 가운데 하나인 지전설을 확고하게 하기 위해 그 근거를 본격적으로 이야기하고 있다. 나아가 천동설이 틀렸다는 것을 지적하기 위해 무한 우주설도 제시한다.

먼저 공자의 말은 《주역》에 나오는데, 허자가 한 질문의 핵심은 서양의 이론이나 공자의 말이 모두 천동설을 기반으로 하는데, 그 말이 정말로 틀렸냐는 뜻이다. 그에 대한 답을 말하기 전에 실옹은 "백성들은 이치대로 따르게 할 수는 있어도 이치를 알게 할 수는 없고, 군자는 풍속을 따라 가르침을 베풀며 지혜로운 자는 마땅함을 따라 말을 한다."는 글을 인용했는데, 모두 《논어》와 그 주석에 나오는 말이다. 홍대용이 이 구절을 인용한 진정한 이유는 공자의 말이 틀렸다고 드러내 놓고 말할 수 없는 당시의 학문 분위기 때문으로 보인다. 어쨌든 달력을 만들거나 백성들이 이해하는 데 불편함이 없기 때문에 그렇다는 실용적인 이유로 둘러대고 넘어간다. 그러나 그 말의 행간을 추측한다면 천동설이나 지동설(지구 자전설)이나 비록 달력 등의 실용에는 문제가 없지만, 사실인즉 지전설이 맞고 공자가 틀렸다고 에둘러 말한 것이다.

다음으로 주행안행설은 갈릴레이가 말한 관찰자의 위치에 따라 다르게 보인다는 상대성을 밝힌 주장이다. 배가 움직일 때 배 안에서 보면 실제로는 움직이지 않는 육지(연안이나 섬)가 움직이는 것처럼 보이고, 그 반대로 섬에서 관찰한다면 배가 가는 것처럼 보인다는 것이 주행안행설이다. 이 말은 당시 선교사들이 종교적인 입장 때문에 지동설에 동조할 수는 없었지만, 천동설과 지동설의 어느 쪽이 옳은지 판단을 주저하는 모호한 태도를 반영하는 데 사용했다고 한다.

어쨌든 홍대용은 이런 실용성을 인정하더라도 지전설은 명백하게 옳은 주장이라면서 그 근거의 하나로 우주는 무한하게 크고 넓다는 무한 우주설도 내세운다. 만일 하늘이 돈다면 저 멀리 끝없이 펼쳐진 무한한 우주가 지구를 중심으로 돈다는 말인데, 그것은 도저히 불가능하다는 것이다.

3장

/

우주의 중심은 없다

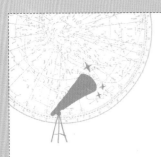

　　2장의 초점이 지구에 대한 개괄이었다면 3장에서는 그 관심을 지구 밖의 우주로 옮겨 간다. 그래서 3장에서는 지구가 우주의 중심이 아니라는 점과 은하계에 대한 견해, 지구와 그 주위의 별인 태양과 달에 대한 견해를 밝힌 다음 도가의 신선술이나 점성술의 이론적 기초 가운데 하나인 분야설 등을 비판한다.

　　먼저 지구가 우주의 중심이 아니라는 홍대용의 주장은 덴마크의 천문학자 티코 브라헤가 주장한 수정 천동설과 그의 지전설 및 무한 우주설을 결합한 것이다. 수정 천동설의 핵심은 지구와 달을 제외한 행성들은 태양을 중심으로 돌지만, 태양과 달 등은 지구를 중심으로 돈다는 것이다. 원래 이 수정 천동설은 코페르니쿠스의 지동설과 어느 정도 타협하면서 신학자들도 만족시키기 위해 절충안을 제시한 것이었는데, 홍대용은 이 이론을 받아들였다. 그런데 홍대용은 지구와 태양은 은하계 안에 있는 하나의 별에 지나지 않으며, 또 이 같은 은하가 수없이 많이 존재한다고 말하면서 수정 천동설과는 다르게 무한 우주설까지 주장한다.

　　이어서 태양과 달을 지구와 비교해서 소개하는데, 오늘날의 과학적인 내용과도 어느 정도 일치한다. 또한 태양과 달에도 생물이 살고 있다고 생각해 우주 생물의 존재 가능성에 대해서도 언급하는데, 오늘날의 입장에서 보면 흥미로운 대목이다.

　　다음으로 도교에서 말하는 신선술을 비판한다. 여기서 신선술을 비판하는 이유는 신선이 되어 여러 별의 세계, 곧 우주로 날아다닐 수 있다는 미신적인 주장과 관계가 있다. 이런 생각은 홍대용처럼 우주에 대한 과학 지식을 지닌 사람으로서는 받아들일 수 없었을 것이다.

끝으로 우주에 무한하게 멀리 떨어져서 펼쳐진 별들이 인간의 일에 어떻게 관여할 수 있는지 의문을 제기하면서, 별점을 통해 인간의 길흉화복을 점치는 점성술을 비판한다. 특히 점성술 이론 가운데 하나이며 점성술의 근거이기도 한 분야설이 과학적인 사실과 어긋났음을 지적한다. 분야설은 천체를 지구의 방위나 땅과 연관시켜 화이론의 근거가 된 천체 이론이다.

이렇게 3장에는 지구 주위의 태양이나 달, 은하계에 대한 과학적인 사실 그리고 신선술이나 점성술 등에 대한 홍대용의 비판적인 견해가 주로 나온다. 여기서도 우리가 유의할 점은 그가 말하는 우주론의 옳고 그름보다는 그의 합리적인 사고와 추론이라고 하겠다.

1 지구는 우주의 중심이 아니다

실옹: 또 그대에게 묻겠다. 세상 사람들이 하늘과 땅을 말하면서 어찌하여 지구를 우주의 중심으로 보고 해와 달과 별이 〔지구를〕 둘러싸고 있다는 것인가?

허자: 칠정(七政, 태양과 달 그리고 수성, 금성, 목성, 화성, 토성의 다섯 행성)이 지구를 둘러싸고 도는 것은 관측상 근거가 있으니, 지구가 우주의 중심에 있다는 것은 마땅히 의심할 여지가 없는 것 같습니다.

실옹: 그렇지 않다. 하늘에 가득 찬 모든 별자리의 별들은 저마다 하나의 세계가 아닌 것이 없으며, 별의 세계에서 본다면 지구 또한 하나의 별이다. 헤아릴 수 없이 많은 〔별의〕 세계가 우주에 흩어져 존재하는데, 오로지 지구만 공교롭게 그 중심에 있다는 그런 이치는 없다. 그러니 별마다 세계가 아닌 것이 없고 돌지 않는 별은 없다. 따라서 다른 수많은 별의 세계에서 보는 것도 지구에서 보는 것과 똑같아 저마다 스스로를 각각의 별들과 많은 세계의 중심이라고 말할 것이다.

칠정이 지구를 둘러싸고 도는 것은 지구에서 관측할 때는 참으로 그러하니 〔그럴 경우에는〕 지구를 칠정의 중심이라 말해도 좋으나, 지구를 많은 별들의 중심이라 말하는 것은 우물 안 개구리의 견해다. 그래서 칠정의 몸체는 수레바퀴처럼 스스로 돌고 연자방아를 돌리는 나귀처럼 주위를 감싸니, 지구에서 볼 때 지구에 가까워 크게 보이는 것에는 태양과 달이 있고 멀어서 작게 보이는 것은 오성(五星, 수성·금성·목성·화성·토성의 다섯 별)이라 말하니, 사실은 모두 별의 세계다.

일반적으로 오위(五緯, 오성과 같은 말)는 태양을 감싸면서 돌아 태양을 중심으로 삼고, 태양과 달은 지구를 감싸면서 돌아 지구를 중심으로 삼는다. 금성과 수성은 태양에 가까우므로 지구와 달은 그것들이 〔태양을〕 둘러싸고 도는 궤도의 바깥쪽에 있고, 화성·목성·토성은 태양으로부터 멀리 있으므로 지구와 달은 그것들 궤도의 안쪽에 있다. 금성과 수성의 궤도 안에 있는 수십 개의 작은 별의 중심은 태양이다. 또 화성, 목성, 토성 곁에 있는 네다섯 개의 작은 별은 모두 각각 해당하는 행성을 중심으로 삼는데, 이것은 지구에서 볼 때 이런 것이고 저마다의 별에서 볼 때는 이와 유사하게 미루어 짐작할 수 있다.

그래서 지구는 태양과 달의 중심이나 오성의 중심이 될 수는 없으며, 태양은 오성의 중심이나 많은 별의 중심이 될 수 없다. 태양조차 중심이 될 수 없는데 하물며 지구이겠는가?

이제 홍대용의 논의는 지구에서 우주로 나아간다. 그 핵심은 두 가지로 압축된다. 하나는 지구가 우주의 중심이 아니라는 것, 또 하나는 태양계의 다섯 행성은 태양을 중심으로, 태양과 달은 지구를 중심으로 공전한다는 것이다.

먼저 이 주장은 그때까지만 해도 많은 사람이 믿어 왔던 지구가 우주의 중심이라는 견해를 부정한다. 우주에는 수많은 별이 있으며, 각기 그 별들의 입장에서 보면 스스로가 중심인데 지구만이 중심이라는 주장은 잘못된 것이라는 말이다. 그런데 그 내용을 보면 태양을 포함한 태양계의 모든 행성은 공전하는데, 수성·금성·화성·목성·토성은 태양을 중심으로 공전하고, 태양과 달은 지구를 중심으로 공전한다고 본다. 그런 측면에서 보면 여전히 태양계에서는 지구가 중심이라는 천동설을 인정하는 셈이다.

여기서 태양과 달은 지구를 돌고 오성은 태양을 돈다는 이론은 덴마크의 천문학자 티코 브라헤가 코페르니쿠스의 지동설을 보고 기존의 천동설을 수정한 '수정 천동설' 또는 '절충설'이라고 부르는 우주관이다. 홍대용은 이 견해를 받아들여 그런 주장을 편 것이다. 다만 여기서도 지구만이 우주의 중심이 아니며 우주는 무한하다는 주장을 하는데, 이것은 홍대용의 독창적인 생각이었다. 어쨌든 홍대용은 티코 브라헤의 견해를 받아들여 지동설과 천동설의 교묘한 절충 이론을 인정한 셈이다.

2 은하계

허자: 지구가 중심이 아니라는 말씀을 삼가 받아들이겠습니다. 그
렇다면 은하(銀河)는 무슨 세계입니까?

실옹: 은하란 많은 별들이 모여 이루어진 하나의 세계다. 〔은하는〕
우주에서 돌면서 원을 그리며 커다란 하나의 고리를 만드는
데, 그 고리에는 많은 별의 세계가 있어 그 수가 천만 개나
된다. 태양과 지구 주위의 별들의 세계는 그 가운데 하나일 뿐
이다. 은하는 우주 가운데 하나의 커다란 세계다. 비록 그러하
나 지구에서 볼 때 이와 같고, 지구에서 보이는 것 밖에 이 같
은 은하는 몇천만 억 개인지 모른다. 그러니 나의 작은 눈에
의지해 〔눈에 보이는〕 은하계가 곧장 제일 큰 세계라고 여겨서
도 안 된다.

그러니 은하계에는 밝고 어둡고 따뜻하고 차가운 〔다양한〕 세
계가 있다. 밝은 세계에 가까우면 그 밝은 빛을 받아서 밝고,
따뜻한 세계에 가까우면 그 따뜻한 온기를 받아서 따뜻하다.
밝고 따뜻한 것은 태양의 세계이며 어둡고 찬 것은 지구와 달
의 세계다. 지구와 달은 원래 어둡고 차갑지만 태양에 가까워
서 빛과 열을 받아 밝고 따뜻해졌다.

홍대용은 은하가 별들의 집합체이며 우리가 사는 은하계 외에도 무한한 외부 은하가 있다고 주장한다. 사실 은하의 존재에 대해서는 갈릴레이가 망원경으로 확인하고 검증했던 내용이며, 선교사들이 전한 서학 책에도 나오는 내용이다. 그러나 선교사들은 천동설에 근거해 지구를 중심으로 9개의 하늘이 있다고 보고, 그 가운데 8번째 하늘인 제8중천에 은하수가 있다고 보았다. 하지만 홍대용은 지구를 오직 태양계의 중심일 뿐 전체 우주의 중심이라고 보지 않았으며, 또 은하가 제8중천에 한정되어 있다고도 보지 않았다. 그는 우리가 사는 은하계 외에도 수많은 외부 은하가 무한하게 있다고 보았다. 이런 점은 홍대용의 독창적인 해석인데, 오늘날의 우주론과도 상당 부분 들어맞는다.

3 태양과 달과 지구

허자: 많은 별들은 모두 저마다 하나의 세계라고 하시니, 그 각각의 세계가 가진 모양과 색깔과 실상에 대해 들어 볼 수 있을까요?

실옹: (중략) 지금 그대가 본 것에 근거해 그대가 알 만한 내용을 말해 보겠다.

태양의 몸체는 지구보다 커 지구의 몇 갑절이나 된다. 그 바탕은 불이며 그 색은 적색이다. 바탕이 불이므로 태양의 성질은 뜨겁고, 색깔이 적색이므로 빛나고 밝다. 이 빛은 사방으로 퍼져 나가되 점점 멀어지면 점차 희미해져 수천만 리에서 끝난다. 이 태양의 세계에서 태어난 것은 순수한 불의 기운을 타고나 그 몸체가 밝으며, 그 성격은 굳세고 그 앎은 밝게 통하며 그 기상(氣像)은 날아오른다. 태양에서는 낮과 밤이 나누어지지 않고 겨울과 여름의 기후도 없어서 예로부터 불 속에 살면서도 그 뜨거움을 깨닫지 못한다.

달의 크기는 지구보다 작아 지구의 30분의 1이며, 그 바탕은 얼음이고 색은 맑다. 달은 얼음으로 이루어졌기 때문에 그 성질은 차갑고 맑은 색이므로 태양빛을 반사시킨다. 태양에서 멀어지면 응고되어 거울처럼 텅 비고 밝으며, 태양에 가까우면 녹아서 넓은 바다처럼 넘실댄다. 이 달의 세계에서 태어난 것은 순수한 얼음의 기운을 타고나 그 몸체는 맑고 성질은 깨끗하고 차가우며, 그 앎은 밝으나 기상은 가볍고 떠 있다. 달에서는 밤과 낮이 나누어지고 겨울과 여름 같은 계절이 있는 것은 지구와 같지만, 예로부터 얼음의 세계에 살아서 그 차가움을 깨닫지 못한다.

지구란 칠정(七政)의 찌꺼기로서 그 바탕이 얼음과 흙으로 이루어지고 보니, 그 성질은 차갑고 색은 어둡고 탁하다. 그러니 태양빛을 반사하는 것이 적다. 태양빛에 가까우면 열을 받아 흙이 물기로 젖고 얼음이 녹는다. 지구에서 태어난 것은 그 몸체가 혼탁하며 그 성질은 조잡하고 그 앎은 어둡고 어리석으며 그 기상은 둔하고 막혀 있다. 태양이 비추면 낮이 되고 태양이 가리면 밤이 되며, 태양이 가까우면 여름이 되고 태양이 멀리 있으면 겨울이 되는데, 태양의 불이 지면의 온도를 높이니 많은 생물이 자라나고 생기며 짝짓기를 해서 새끼를 낳아 인간과 만물이 번성한다. 그 생물들의 신령스럽고 묘한 지혜는 날로 닫히고 잔꾀만 나날이 늘어나니, 탐욕이 지나쳐 삶과 죽음도 하찮은 것이 되었다. 이것이 지구 세계의 실상으로 그대가 아는 바이기도 하다.

허자: 태양의 세계에서는 마치 불쥐가 불 속에서 사는 것과 같고, 달

의 세계에서는 마치 수중 생물이 물속에서 사는 것과 같은 것은 그 이치가 그러합니다. 감히 여쭙겠습니다만 두 세계의 생물체는 서로 통행해 여행하며 지낼 수 있을까요?

실옹: 무슨 말을 그리 어리석게 하는가? 육지에 사는 동물이 물에 들어가면 숨이 막혀 죽고, 물속에 사는 동물이 육지에 올라오면 숨을 헐떡거리며 죽는다. 남쪽 지방 사람들은 추위를 견디지 못하고, 북쪽 지방 사람들은 더위를 견디지 못한다. 이처럼 같은 세계에 사는 것들도 통행할 수 없거늘, 제각기 다른 세계의 생물체는 가진 모습과 기운이 서로 완전히 다른 것일진대 말해 무엇 하겠는가? 마치 물과 불이 같은 그릇 안에 들어가 있는 것처럼 어찌 그런 이치가 있겠는가?

태양, 달, 지구의 특징을 대략적으로 말하면서 태양과 달에도 생물이 산다는 견해를 밝히고 있다.

여기서 태양의 모습에 대한 개관은 비교적 사실에 가까운데, 그것은 홍대용이 북경에 사신 일행으로 갔을 때 서양 선교사가 제공하는 망원경으로 태양을 직접 관찰해서 그런 것으로 보인다.

또 달의 크기는 지구 반지름의 4분의 1인데 30분의 1이라고 한 것은 서학 책에 나온 것으로 보이는데, 그 근거는 분명하지 않다. 지구의 지름이 지구에서 달까지 거리의 30분의 1이라면 맞다. 또한 달의 표면이 얼음과 물로 이루어져 있다는 것도 실제와 맞지 않는다.

흥미로운 것은 홍대용의 외계 생물체에 대한 견해다. 곧 태양과 달에는 생물체가 있는데, 모두 저마다 태양과 달을 닮아 뜨겁고 차가운 성질을 지닌다는 것이다. 현재로서는 태양과 달에 생물체가 있다고 확인된 바는 없지만, 태양계가 아닌 다른 별에 생물체가 존재할 가능성은 얼마든지 있다. 홍대용이 어떤 근거로 그런 말은 했는지는 분명하지 않지만 이 주장도 서양 서적에는 나오지 않는 내용이다. 허자가 말하는 불쥐는 중국 전설에서 남쪽 끝의 화산 속에 살고 있다고 전해지는 괴수의 한 종류로 화광수(火光獸)라고도 하며, 그 짐승을 잡아 털로 방화용 천을 짰다고 한다.

그런데 여기서 눈여겨보아야 할 것은 지구에 사는 인간을 포함한 생물에 대한 홍대용의 부정적인 견해다. 그 이유는 홍대용이 자신이 살던 당시 사회의 부조리한 모습에 상당히 실망감을 느껴서 그랬는지 모른다. 부조리한 시대에 사는 지식인의 분노와 심정이 잘 나타나 있는 대목이라 하겠다.

4 신선술의 비판

허자: 저는 혼탁한 세계에 사는 존재입니다. 선생의 말씀을 듣고 보
니 비로소 우주 가운데 그토록 많은 〔별의〕 세계가 있다는 것
을 알았습니다. 신통한 힘을 빌려 저 아홉 하늘에 올라 우주를
여행하고 싶었는데, 지금 태양과 달의 세계에도 오히려 왕래
하지 못한다고 하시니, 저는 장차 이 혼탁한 세계에서 끝내 하
찮은 삶을 면치 못할 것 같습니다.

실옹: (웃으며) 그대가 정말로 저 아홉 하늘에 오르고자 한다면 방법
이 없는 것을 걱정하지 마라. 대체로 연못의 물고기가 용이 되
고 북쪽 바다에 살던 곤(鯤)이라는 물고기가 붕새(鵬)로 변화하
며 흙 속의 굼벵이가 매미로 탈바꿈하고 산누에가 나비로 변
하는데, 인간의 신령한 재주로 어찌 방법이 없는 것을 걱정하
겠는가? 10년간 태식(胎息, 태 속에서와 같은 호흡)으로 내단(內丹,
신선술에서는 단전호흡 등의 수련을 통해 배꼽 아래 단전에 기를 모아
저장한다고 하는데, 이렇게 기가 몸 안의 단전에 축적된 것을 내단이라
함)이 이루어지면 나비처럼 허물을 벗고 신령한 몸으로 변해
하늘 위로 올라간다. 불에도 타지 않고 물에도 젖지 않고 많은
〔별의〕 세계에 노닐며 영원히 상쾌함을 누릴 수 있다. 그대는

그렇게 되고 싶은가?

허자: 그것은 이른바 속세에서 말하는 신선술(神仙術)입니다. 저는
그 설을 들어는 봤지만 감히 믿지 못했습니다. 정말로 그런 술
법이 있다면 아내와 자식들을 헌신짝처럼 버리겠습니다.

실옹: (화난 목소리로) 내가 그대를 가르칠 수 있다고 여겼는데, 이
토록 깨우치기 어려울 정도로 어리석게 막혀 있고, 비우기 어
려울 정도로 욕심으로 가득 차 있단 말인가? 태단술(胎丹術, 태
식 호흡으로 배꼽 밑의 단전에 기를 모으는 것)은 실제로 그 이치가
있고, 또 그것을 해 본 사람도 있다. 그러나 그 수명이 길어야
만 년 짧으면 천 년으로, 마침내 〔인간은〕 소멸하는 존재로 되
돌아가느니 또 무슨 보탬이 있겠는가? 인간이 이 세상에 태어
나면 욕망이 끝이 없어서 화려하게 받들어지기를 바라고, 사
람이라면 모두 아름다운 여인과 높은 지위와 빛나는 권세 그
리고 진귀한 보배와 기이한 볼거리를 원한다.

(중략) 무릇 신선이 되는 길의 핵심은 무위(無爲)이니, 그렇
게 되면 마음이 편안하고 아득하며 맑고 고요하고 어지럽지
않다. 〔만일 신선에게〕 즐거움을 탐하는 세속적인 생각이 마음
속에 한 번이라도 싹트면 원기(元氣)가 흩어지고 신령한 몸도
타락한다. 진실로 신선을 동경하는 속세 사람들로 하여금 이
러한 〔신선의〕 경지에 있게 한다면, 분명히 광활하고 끝이 없

는 세계를 싫어하고 단출하게 욕심 없이 사는 것을 고통스러워해, 그런 [신선의] 세계에 잠깐이라도 사는 것을 바라지 않을 것이다.

또 세상 사람들 가운데는 어쩌다 한 번씩 어리석은 사람들을 현혹시키고 속이는 술수를 부리는 자가 있어, 진짜 신선 행세를 하며 갑자기 번쩍이는 기이한 것으로 우매한 속세 사람들을 희롱하니, 사람들이 망령되이 동경하는 것도 사실은 여기서 나온 것이다.

무릇 진짜 신선이란 세속의 관심사를 질풍이 쓸어 내듯 버리고 부모와 가족의 은혜를 잊고 고향에 대한 그리움도 끊으니, 하물며 가까이할 수 없는 냄새나고 더러운 혼탁한 세상의 일이야 말해 무엇 하겠는가?

심하구나, 이 세상의 어리석고 우매함이여! 그래서 신선이 되고자 하는 무리는 하는 일도 없고 욕심도 없이 참된 정기(精氣)를 보존해 천년만년 장수를 누리고자 하나, 마침내 소멸하는 데로 돌아간다. 결국에는 다 없어지고 마는 것이니, 수명의 오래됨과 짧음을 구별해야 소용없는 일이다. 모두 [짧은 순간의] 부싯돌의 불꽃이나 물거품 같은 환상이니, 사실은 젊은 나이에 요절한 자와 같은 것이다.

신선이 되고자 하는 근원을 따져 보면 사실은 이기적인 마음에서 나왔으나 마침내 이로움은 없고, 교묘하나 사실은 졸렬하고, 영리하나 사실은 어리석다. 그대가 도를 배우려고 하면서 마침내 이런 것을 원하니 또한 잘못되지 않았는가?

여기서는 신선술을 비판하고 있다. 결론부터 말한다면 홍대용은 신선이 되고자 하는 것은 오래 살고자 하는 인간의 '이기적인 욕심'에서 나온 것이며, 설사 신선이 되어 불로장생한다고 해도 언젠가는 죽게 마련인데 무슨 의미가 있느냐고 반문한다. 더구나 신선의 삶이란 아무것도 인위적으로 하지 않고 무위의 경지에서 정기를 보존하는 것이 다인데, 그런 삶이 무슨 재미가 있겠냐면서 오히려 보통 사람들은 원하지 않을 것이라고도 말한다.

한편 여기서 허자가 말하는 아홉 하늘은 무엇을 의미할까? 아마도 전통의 입장을 따르자면 《회남자(淮南子)》 같은 책에 나오는 9방위로 나누는 하늘을 말하는 것이라고 볼 수 있다. 아니면 허자가 서학을 안다는 전제로 서학에서 말하는 9중천일 수도 있다. 어쨌든 그 실체가 무엇이든 넓디넓은 우주라는 의미를 지닌다고 할 수 있다. 또 북쪽 바다에 살던 곤이 붕새로 변화하는 것이나 매미나 나비의 탈바꿈 등은 모두 《장자》에 나오는 내용들이다. 원기(元氣)와 정기(精氣)는 생명의 밑바탕이 되는 맑고 순수한 기를 말한다.

여기서 홍대용은 노장사상이 불로장생 등 세속의 욕망과 결합한 도교적 입장에 대해서는 전혀 찬성하지 않고, 허황된 것이라고 보고 있다.

5 분야설의 비판

허자: (재빨리 깨닫고 두려운 마음에 억지로 웃으며) 제가 잘못했습니다. 감히 묻겠습니다만 여러 별은 제각기 자전하며 다른 별을 공전할 수 있는데, 유독 지구만 자전하면서도 공전할 수 없는 것은 무슨 까닭입니까?

실옹: 여러 별이 형성될 때 몸체에는 가벼운 것과 무거운 것이 있고 성질에는 둔한 것과 빠른 것이 있다. 가볍고 빠른 것은 자전하며 공전할 수 있지만, 무겁고 둔한 것은 자전은 하지만 공전은 하지 못한다.

매우 가볍고 빠른 것은 공전 궤도가 아주 넓은데 화성·목성·토성의 종류가 그것이며, 매우 무겁고 둔한 것은 공전하지 않고 한곳에 머물러 있으니 지구 같은 종류가 그것이다. 가벼운 별에 사는 생물은 속이 비어 있고 신령스러우나 무거운 별에 사는 생명체는 속이 꽉 차 있고 둔하게 막혀 있다.

지구가 자전은 하지만 공전할 수 없는 까닭을 나름대로 설명하고 있다. 홍대용은 코페르니쿠스의 지동설을 접할 수 없었을 것이므로 지구의 공전도 당연히 알지 못했을 것이다. 여러 별은 자전과 공전을 하는데 유독 지구만 그렇지 못한 까닭이 무엇이냐는 허자의 질문에서 그런 점이 느껴진다.

그래서 그는 지구가 자전은 하면서도 공전하지 않는 이유를 지구가 무겁기 때문이라고 주장한다. 사실 지구가 무겁다는 생각은 지구 중심설을 주장하는 아리스토텔레스의 말을 인용한 선교사들의 견해에도 나오는 내용이다. 다른 행성은 공전하는데 지구만 공전하지 않는다는 것은 앞에서 말한 티코 브라헤의 수정 천동설과 선교사들의 견해를 종합해서 나온 것으로 보인다.

허자: 그렇다면 수성·금성·화성·목성·토성의 오위는 오행(五行)의 정화(精華)이고 항성(恒星)은 만물의 상징으로, 아래로 지구에 응해 길흉의 징조를 가지고 있다는 것은 무엇을 말하는 것입니까?

실옹: 수성·금성·화성·목성·토성은 저마다 고유한 속성을 가지고 있는데, 오행에 나누어 속하게 한 것은 술가(術家, 점술가)들의 좁은 생각이다. 또 지구에서 관찰해 볼 때 많은 별들은 서로 연결되어 있는 것이 마치 묘수(昴宿, 묘성昴星)의 별들이 모여 있듯 종류별로 떼를 지어 모여 있다. 사실 10여 개의 별 가운데 서로 간의 높고 낮은 고도와 멀고 가까운 거리가 천만 리에 그치지 않는 형편이다. 그 별자리의 세계에서 볼 때 태양과 달

과 지구의 세 별은 이어진 구슬처럼 반짝일 것이다.

지금 태양과 달과 지구가 서로 다른 별임을 따지지 않고 하나의 별자리로 여겨 삼성(三星)이라고 이름 지으면 옳은가? 오직 역법에 따라 계산하고 천구의 별자리에 의지해 별에 이름을 둔 것은 천문학자들이 편의상 정한 것이다. 그런데 그것을 부풀리고 억지로 끌어다 붙여 세상의 일과 연관 지어서 술가들의 무기로 둔갑시켜 버렸는데, 지루하고 어긋나고 거짓된 것은 분야설(分野說)이 가장 심하다.

무릇 지구는 우주에서는 작은 먼지에 지나지 않으며 중국은 지구에서 10여분의 1이다. 지구를 빙 둘러 별자리의 범위를 나눈 것은 혹 그런 설을 둘 수 있지만, 한쪽에 치우친 중국 땅에 맞추어 여러 별을 억지로 배당해 나누고 합쳐서 재앙과 상서로움을 엿보고 점친다는 것은 거짓되고도 거짓된 것이어서 말할 것이 못 된다.

이 내용은 점성술을 비판한 것인데, 그 가운데 특히 점성술의 이론적 기초인 분야설을 비판하고 있다.

홍대용은 하늘을 12방위 등으로 나눈 분야설 자체는 문제 될 것이 없지만, 그것을 중국의 각 지역과 연관시켜 인간의 길흉화복을 점친다는 것은 거짓이며 허황된 주장이라고 단호하게 잘라 말한다. 또 지구가 둥근데 지구의 한 부분에 불과한 중국에 중심 방위를 설정하고 오랑캐를 구분하는 것 또한 잘못된 주장이니 화이론 역시 논거가 없다고 말하는 셈이다. 홍대용은 이렇게 천원지방의 우주관과 분야설을 바탕으로 한 화이론이나 점성술을 부정한다. 더구나 멀리 있는 별들은 천문학자들이 편의상 그 이름을 정한 것인데, 지상에 있는 만물과 대응한다고 주장하거나 수억만 리 떨어져 있는 별이 지상에 영향을 미친다고 보는 것도 현실성이 없다는 지적이다.

여기서 묘수란 28수 가운데 열여덟 번째 별자리로 작은 별들이 모여 있다고 해서 좀생이별로 불리며, 서양에서 말하는 황소자리의 플레이아데스성단의 별들을 말한다. 또 허자가 말한 수성·금성·화성·목성·토성이 오행의 정화라는 것은 이름 그대로 이 행성들이 각각 물·쇠·불·나무·흙의 순수한 성질을 띠고 있다는 것인데, 홍대용은 행성들이 나름대로의 기능이나 성질을 가지고 있겠지만 그것을 다섯 가지 성질로 나눌 수는 없다고 보았다.

종합하면 오성이 오행의 성질을 가졌다는 것도 그 근거가 없고, 별자리나 특정한 별의 출현과 이동 역시 인간사와는 무관하며, 특히 별자리의 방위와 지상의 방위 개념을 연동시킨 분야설은 거짓이라 말할 게 못 된다는 주장이다. 홍대용이 이러한 주장을 자신 있게 한 것은 객관적이고 과학적인 지식을 근거로 비합리적이거나 비논리적인 미신적·주술적 사고를 거부했기 때문으로 보인다.

4장
/
여러 자연 현상

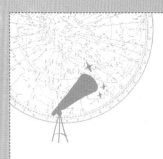

　　3장에서는 지구를 벗어나 우주의 문제를 다루면서 그것과 관련된 지금까지의 잘못된 견해와 미신을 비판했다면, 4장은 다시 지구의 문제로 돌아와 지구를 중심으로 일어나는 여러 기상과 천문 현상에 대해 다룬다. 그리고 전통적인 견해에 대한 비판보다는 새로운 사실을 소개하는 데 중점을 둔다. 대략적으로 보면 달의 명암과 하늘의 극에 대한 문제, 유성과 혜성 및 일식과 월식 등의 천문 현상, 각종 바람이나 눈과 비 등의 기상 현상 그리고 지구의 대기 이론 등을 다룬다.

　　먼저 달 표면의 명암은 지구가 달에 반사된 영상이라고 주장하는데, 사실 이것은 오늘날의 관점에서 보면 틀린 내용이다. 그리고 하늘의 극이란 사실 지구의 극이라고 말하는데, 천구에서 하늘의 극은 지구의 극을 연장시킨 것이기 때문이다.

　　그다음에는 기가 뭉치거나 떠돌아다니다가 유성과 혜성이 된다고 주장하는데, 비록 현대의 과학적인 사실과는 맞지 않지만 선교사들이 주장하는 4원소설의 영향은 벗어났다고 하겠다. 일식과 월식에 대해서는 태양과 달과 지구가 일직선 상에 놓일 때 일어나는 현상이라고 보아 과학적인 설명은 합리적이지만 천동설에 입각해 설명했다는 점에서 오늘날과는 태양과 지구의 위치가 뒤바뀌어 있다.

　　그리고 각종 바람, 구름, 비, 눈, 서리, 우박, 우레, 무지개 등의 기상 현상은 선교사들의 이론을 받아들인 것도 있고 자신만의 독창적인 견해를 말하기도 했는데, 과학적인 사실에 맞는 것도 있고 틀린 것도 있다. 하지만 기상 현상에 대한 그의 설명들은 음양과 오행으로 설명하던 전통적인 방식과는 완전히 다른 것이라고 말할 수 있다.

　끝으로 대기 이론을 소개한다. 이 이론은 빛의 이론 곧 광학 이론과 연결되어 있는데, 선교사들이 전한 내용을 거의 받아들였다. 곧 지구의 대기를 지구를 둘러싼 일종의 렌즈처럼 생각했는데, 이 대기를 한자어로 '청몽기'라 부른다. 그리고 그러한 대기의 작용을 실증적으로 증명할 수 있는 실험도 소개한다. 당시로서는 자연 현상을 객관적인 실험을 소개해 증명했다는 점에서 아주 획기적인 일이었다.

　이렇게 4장은 앞의 다른 장과 비교해 더 심도 있게 과학 이론을 설명하면서, 그 실험까지 소개하는 등 홍대용 자신이 얻은 과학적인 지식에 대한 자신감을 드러낸 곳이라고 할 수 있다. 그중 대부분의 과학적인 사실은 오늘날 우리가 쉽게 받아들이는 내용들이지만, 당시로서는 완전히 새로운 지식이었으며 획기적인 사고의 전환이 요구되는 것이었다.

1 달과 하늘의 극

허자: 달 가운데 명암이 있는 부분은 물과 흙이라 말하기도 하고 또는 지구의 그림자라고도 하는데, 그 설명을 듣고 싶습니다.

실옹: (중략) 달 표면의 명암이 물과 흙 때문이라는 설은 그럴듯하나 사실은 틀린 것이다. 무릇 달은 거울과 같아서 지구의 반쪽 면이 그 밝은 부분을 따라 모습이 비친다. 동쪽에 떠오를 때의 달 표면의 모습은 지구 동쪽 세계의 반쪽 영상(影像)이고, 중천의 달 표면의 모습은 지구 가운데 세계의 반쪽 영상이며, 서쪽으로 질 때 달 표면의 모습은 지구 서쪽 세계의 반쪽 영상이다. 그러하니 그것이 지구의 영상이라고 한다면 또한 옳지 않겠는가?

허자: 감히 묻습니다만 하늘에 남극과 북극의 두 극이 있다는 것은 무엇입니까?

실옹: 지구에 사는 사람들은 지구가 자전하는 것을 알지 못해 하늘에 두 극이 있다고 말한다. 사실 그것은 하늘의 극이 아니라 지구의 극이다. (중략)

달의 명암에 대해 홍대용은 달의 물이나 흙에 의해 발생한 것이 아니라 지구의 반사된 모습(영상)이라고 말한다. 그리고 그는 달이 뜨고 지는 하루 동안 지구의 동쪽 세계, 지구 가운데 세계, 서쪽 세계 등이 달에 비쳐서 그것이 달의 명암으로 나타난다고 주장한다. 물론 이런 설명은 오늘날의 과학적인 사실에 비추어 틀린 것이다. 더구나 지구의 영상이라고 하면서 지구 동쪽과 가운데와 서쪽이 같은 영상을 보인다는 점도 이해하기 어려운 사실 아니겠는가? 달 속에 있는 계수나무와 토끼 모양은 어느 곳에서나 똑같이 보이기 때문이다. 이것은 달의 공전 주기와 자전 주기가 같기 때문에 항상 같은 면만 보이는 것인데, 햇빛에 반사되어 보이는 달 표면의 모습이다.

천구의 극에 대한 홍대용의 설명은 오늘날의 과학적인 사실과도 맞는다. 다만 선교사들은 천동설을 믿었으므로 하늘의 극이라고 말했던 것이다.

2 천문 현상

> 허자: 감히 여쭙겠습니다만 유성과 요성(妖星)과 혜성과 패성(孛星)은
> 무슨 기가 그렇게 만드는 것입니까?
>
> 실옹: 여기에는 한 가지 원인만 있는 것이 아니라 허공에서 기가 엉
> 겨 붙어 이루어진 것도 있고, 각 별의 기운이 서로 작용해 이
> 루어진 것도 있으며, 물처럼 흐르는 별들의 남은 기가 흘러 다
> 니면서 이루어진 것도 있으니, 이러한 것들이 모두 원인이 되
> 어 이루어진다. 다만 인간과 땅의 기운이 매우 조화롭게 이루
> 어진 것은 경사스런 별의 무리고, 인간과 땅의 기운이 그 일정
> 함을 잃어 이루어진 것은 혜성의 무리다. (중략)

유성과 혜성에 관해 나름의 견해를 밝히고 있다. 여기서 요성은 옛
날부터 재앙의 징조를 나타내는 별을 말하는데, 큰 유성이나 혜성을
일컫던 말이다. 패성은 혜성의 한 종류로 꼬리가 분명치 않거나 꼬리
가 없는 혜성이다. 이렇게 부르는 이름은 서로 다르지만 정리하면 결
국 유성과 혜성을 말하는 것인데, 요성이나 패성 같은 이름에서 알
수 있듯이 이 별들이 인간의 길흉화복과 연관되어 있다고 보아서 그
렇게 불렀다.

홍대용은 유성과 혜성을 기가 만들어 낸 것이라고 주장하면서 인간 세상과 어느 정도 연관된 것으로 보았는데, 선교사들이 공기가 타는 것이라고 주장한 것과는 사뭇 다른 견해라 하겠다. 어느 쪽이든 오늘날의 과학적인 사실과는 맞지 않는 내용이다. 중세 서양에서 유성과 혜성이 공기가 타는 것이라고 설명한 데는 나름의 까닭이 있었다. 각각의 천체는 투명한 천구로 이루어졌고 그 천구를 가로질러 행성이나 별이 이동할 수 없다고 보았다. 그런데 혜성은 이런 천구를 가로질러 온다고 설명할 수는 없었다. 그래서 유성이나 혜성이 모두 달이 도는 천구 아래의 공기층에서 일어나는 것으로 설명했다. 그러나 훗날 망원경의 발견으로 이러한 천체설은 무너지게 된다.

> 허자: 일식이란 음기가 양기를 막고, 월식이란 양기가 음기를 막는 것입니다. 지극히 잘 다스려지는 세상에서는 일식이나 월식이 일어나야 마땅한 것임에도 일어나지 않는다고 하는데, 과연 그런 이치가 있습니까?
>
> 실옹: 음양 이론에 얽매이고 인간의 윤리적인 문제에 빠져서 자연법칙을 살피지 않은 것은 앞서 살았던 선비들의 잘못이다. 무릇 달이 태양을 가리면 일식이 되고 지구가 달을 가리면 월식이 된다. 〔천구 상에서 태양과 달의〕 경도와 위도가 같고, 태양과 달과 지구가 일직선을 이루면 서로 가려서 일·월식이 되는 것

은 그 운행의 당연한 이치다. 또 태양은 지구에게 먹히고 지구
는 달에게 먹히며 달은 지구에게 먹히고 태양이 달에게 먹히
는 것은 태양과 지구와 달과의 관계에서 생기는 법칙이지 인
간 세상의 정치 상황과 아무런 관계가 없다.

비록 그러하나 일몰 후에는 밤이 되니 이 또한 낮의 입장에서
는 변고(變故, 갑작스러운 재앙이나 사고)이므로 낮에 생활하는 방
법으로 밤에 생활한다면 혼란해질 것이다. 일식이 변고가 되
는 것 또한 이와 같다. 변고에 부딪쳐 수양하고 반성하는 것은
인간사의 당연한 일이다.

홍대용의 일식과 월식에 대한 생각은 앞에서 지구는 둥글다는 주
장을 할 때 말한 바 있다. 여기서 그는 음양 이론에 빠져 자연법칙을
인간 사회와 연관시킨 것은 앞선 선비들의 잘못이라고 지적하며 일
식과 월식은 인간 사회와 무관한 자연 현상일 뿐이라고 잘라 말한다.

이 글에서 말하는 '태양이 지구에게 먹히는 것'은 달에서의 일식이
고, '지구가 달에게 먹히는 것'은 태양에서의 지식(地蝕)이라고 할 수
있으며, '달이 지구에게 먹히는 것'은 태양에서의 월식이고, '태양이
달에게 먹히는 것'은 지구에서의 일식이다. 지구에서 보면 각각 나타
나는 현상은 월식, 일식, 월식, 일식이다. 그런데 홍대용은 지구를 기
준으로 말하지 않고 이처럼 상대적으로 표현했는데, 그것은 아마도

중국을 세계의 중심이라 인정하지 않았던 입장처럼 지구가 중심이 아니라고 해석해서 그런 것으로 보인다. 즉 만물을 상대적으로 바라보고자 하는 그의 태도가 반영된 것으로 보인다.

그런데 홍대용은 혜성이나 유성과 달리 일식과 월식에 대해서는 인간 세상의 일과 상관없는 일이라고 못 박고 있어 대조적인 태도를 보인다. 그 까닭은 일식과 월식은 천체 현상이지만 유성과 혜성은 대기권 안에서의 기의 현상이라고 보아서 그런 듯하다. 하지만 일식과 월식을 인간사와 무관한 자연 현상이라고 말하면서도 그런 자연의 변고를 보면서 수양하고 반성하는 것은 인간으로서 당연한 일이라고도 말한다. 당시까지 조정에서는 일식과 월식 때 재앙을 피하기 위해 구식(救蝕) 의식을 행했는데, 이것을 드러내 놓고 비판할 수 없으니 에둘러 표현한 것으로 보인다.

3 기상 현상

허자: 바람, 구름, 비, 눈, 서리, 우박, 우레, 무지개, 햇(달)무리 등
자연의 기상 현상에 대해 모두 들려주시겠습니까?

실옹: 텅 빈 공간은 하늘이다. 무릇 바람이나 구름 따위는 모두 텅
빈 공간에서 나왔으므로 하늘의 원리인 천도(天道)라고 말하지
만, 사실은 땅의 기운이 증발해서 이룬 것으로 오로지 하늘에
서만 생성하는 것이 아니다.

시험 삼아 말해 보자면 바람은 땅의 구석진 꼭대기에서 생
긴다. 지구가 자전할 때 흔들림이 없을 수 없으니, 높은 산봉
우리와 깊은 계곡이 부딪치고 흔들리지 않을 수 없다. 그런 이
유로 텅 빈 기가 나부끼고 일렁거리면서 사방으로 흩어져 바
람이 된다. (중략)

또 교룡(蛟龍, 상상 속의 용을 말하며 오늘날의 토네이도 현상을 일컬
음)이 하늘에 날아오르면 뇌우(雷雨, 천둥소리와 함께 내리는 비)가
쏟아지는 것 또한 바람을 부채질하고 부추길 수 있는데, 이 현
상도 모두 지면에서 나온다. 이렇게 바람은 땅에서 나오기 때
문에 땅에서 수백 리 떨어진 공중에는 바람이 없다.

구름은 산천의 기가 상승하고 응결(한데 엉겨 뭉침)해서 형성된

것으로 그 색깔은 본래 맑으나 태양빛을 받아 여러 색깔을 이룬다. 한낮에는 대부분 백색인데 태양빛을 바로 받기 때문이고, 검은색은 두껍게 쌓여 그늘졌기 때문이다. 아침과 저녁에는 대부분 붉거나 자주색인데, 그것은 지기(地氣)가 햇빛에 간섭하기 때문이다.

비는 (떡 등을 찌는) 시루에 물방울이 맺히는 형세와 같은 것인데, 물과 땅의 기가 공중으로 증발해서 상승하면 빽빽한 구름에 막혀 새어 나가지 못하고 응결되어 이루어진다. 지기가 증발했으나 구름이 빽빽하지 못하면 비를 이룰 수 없고, 구름이 빽빽하나 지기가 증발하지 못해도 비를 이룰 수 없다.

눈은 차가운 기가 증발한 것이며, 서리는 따뜻하고 차가운 기가 뒤섞인 것이고, 우박은 따뜻하고 차가운 기가 서로 부닥쳐 내리는 소나기가 언 것이다. 모두 증발된 기에서 생성된 것으로 비의 종류다.

우레(천둥)는 각기 떨어져 막혔던 증발된 기가 서로 부딪치며 빛을 내는 것으로, 번개는 그 빛이며 우레(천둥)는 그 소리다. 번갯불이 닿는 물건은 반드시 쓰러지고 문드러진다. 번갯불이 먼저 보이고 우렛소리가 나중에 들리는 것은 멀리서 발생한 것이며, 번갯불과 우렛소리가 동시에 일어나는 것은 가까운 데서 발생한 것이다. 지면에서 멀리 떨어져 발생한 것은 그 힘이 공중으로 흩어지나 지면 가까이에서 발생한 것은 부딪쳐서 만물을 진동시킨다. 우렛소리가 없고 번갯불만 있는 것은 백리나 멀리 있는 것이고, 번갯불은 없지만 우렛소리가 들리는 것은 쌓인 구름이 가로막기 때문이다. (중략)

무지개는 물의 기운으로 아침에는 동쪽, 저녁에는 서쪽에서 태양빛을 빌려 이루어진다. 태양빛이 비스듬하게 비치면 반드시 반원을 이루는데, 한낮에 무지개가 없는 것은 물기가 두껍지 않기 때문이다. 햇무리와 달무리는 무지개의 종류로 공중에서 형성되므로 반드시 완전한 원형이다. 무지개나 무리가 원형을 이루는 것은 태양과 달이 원형이기 때문이다.

지구의 각종 기상 현상에 대해 설명하고 있다. 그런데 홍대용은 기상 현상을 전통적인 관점에서 음양의 기로 설명하지 않는다. 다만 땅의 기와 물의 기, 또는 차갑거나 따뜻한 기라는 말로 공기나 수증기 등을 표현하며 서학에서 말하는 기상 이론을 풀어낸다. 사실 기상 현상이 차갑고 따뜻하고 건조하고 습한 땅과 물의 기(공기)와 관계된다는 내용은 서학 서적에 나온다. 특히 바람, 구름, 비, 눈, 서리, 우박, 우레, 무지개, 햇(달)무리 등 기상 현상의 대다수 내용은 《공제격치》에 자세하게 나온다. 다만 홍대용은 이런 서학의 기상 이론들을 부분적으로 받아들이고 자기 나름대로 기와 연관시켜 해석한 것으로 보인다.

　이 가운데 바람에 대한 견해는 비교적 맞는 주장이다. 홍대용은 지전설 이론을 바람이 부는 원인으로까지 밀고 나간다. 실제로 바람은 지구 자전의 영향을 받기도 한다. 또 구름과 노을에 대한 생각도 현대적 관점과 어느 정도 맞아떨어진다.

　그러나 비에 대한 견해는 구름이 응결해서 바로 비가 된다는 서학 서적의 견해보다도 정확하지 않은 편이다. 그 밖에 눈이나 우박 등에 대한 견해도 다소 부정확한 편이다. 반면에 우레나 번개에 대한 설명은 당시 소개된 서학 서적의 내용보다 더 정확한 편이라고 할 수 있다.

4 대기 이론

허자: 인간이 지상에 있을 때는 하늘의 절반도 보지 못합니다. 비록
그러하나 때때로 태양이 동쪽 하늘에 이미 떴는데도 서쪽 하
늘에는 월식이 보이고, 또 태양이나 달이 지평선에 가까이 있
을 때는 관측자와의 거리가 멀지만 반드시 커 보이며, 중천에
있을 때는 관측자와 가깝지만 도리어 작게 보이는 것은 무슨
까닭입니까?

실옹: 그것은 기의 작용이다. 시험 삼아 동전을 세숫대야에 넣고 물
러나서 관찰하면 겨우 하나의 점처럼 보이지만, 거기에 맑은
물을 붓고 바라보면 전체 모습이 조금 떠올라 보이는데, 이것
은 물의 힘 때문이다. 돋보기를 눈에 갖다 대면 미세한 터럭도
손가락만 하게 보이는데, 이것은 돋보기의 힘이다.

이제 물과 흙의 기운이 지면에서 증발해 [지구를] 감싸서 [마
치 물이나 렌즈처럼] 밖으로는 햇빛과 달빛과 별빛을 아른거
리게 [보이도록] 하고 안으로는 사람을 눈부시게 만든다. 그
[지구를 감싸는] 기운이 [지구를] 물처럼 덮어 가리고 유리처
럼 어른거리게 만들어 고도가 낮은 [달이나 태양 등의] 것을
높아 보이게 하고 [중천에서] 작게 보이던 [달이나 태양 등의]

것을 〔지평선 위에서는〕 크게 보이게 한다. 서양 사람들은 여기서 알아낸 것이 있어 청몽(淸蒙)이라 불렀다. 똑바로 올려다볼 때 해와 달이 작아 보이는 것은 청몽이 얇기 때문이고, 지평선 가까이 있을 때처럼 비스듬히 바라볼 때 커 보이는 것은 청몽이 두껍기 때문이다. (중략)

여기서 허자의 질문은 이런 뜻이다. 빛은 직진하는 성질을 가지고 있으므로, 물체의 그림자가 생기려면 빛을 내는 광원과 빛을 가로막는 물체와 그 물체의 그림자는 항상 일직선 상에 놓여야 한다. 이런 이치에서 월식은 지구의 그림자가 달을 가린 것인데, 이론적으로 보면 태양과 지구와 달 속의 지구 그림자가 일직선 상에 있어야 한다. 그런데 허자의 질문처럼 해와 달이 지상에 동시에 보이면서 월식이 생기는 것은 이치에 맞지 않다. 그러므로 그 질문은 "태양과 달과 지구가 일직선 상에 있지 않은데 어째서 월식이 생깁니까?"라는 것이다.

이에 관한 홍대용의 답은 기의 작용이라는 것이다. 여기서 기는 지구를 둘러싼 대기를 뜻한다. 그런 기에 대한 설명을 하기 위해 등장시킨 것이 세숫대야 속에 동전을 넣어 물을 붓는 실험이나 돋보기로 머리카락을 보는 실험 등이다. 말하자면 밀도가 다른 두 매질을 통과한 빛은 굴절이 일어나 사물을 크게 보이게도 하고, 때로는 보이지 않는 물체를 나타나게 할 수도 있다는 것이다. 그러니까 월식이 일어나는데도 지평선에 태양이 보이는 것은 실제로는 지평선 아래 있는 태양이 빛의 굴절로 나타난 것이라는 설명이다. 또한 머리 위에 있는 태양과 달은 크기가 작지만 지평선에서 관측되는 태양과 달이 실제보다 커 보이는 것 역시 마찬가지 원리 때문이라는 말이다.

홍대용은 이렇게 하늘을 채우고 있는 대기를 청몽(清蒙)이라 소개한다. 이 말은 서양 선교사들이 오늘날의 대기(the atmosphere)를 가리켜 쓴 용어였다.

5 기후 이론

허자: 지구가 둥글다는 사실과 거짓된 분야설에 대해서는 이미 가르침을 받아 잘 이해했습니다. 감히 묻겠습니다만 하루 중에도 아침과 낮의 날씨가 다르고, 1년 가운데서도 겨울과 여름의 기후가 다르며, 같은 지구에서도 남쪽과 북쪽의 기후가 다른 것은 무슨 까닭입니까?

실옹: 차가운 것은 지구의 원래 기운이고, 따뜻한 것은 태양열이 데운 것이다. 또 중국을 예로 들어 말하자면 북경의 하지는 태양의 고도가 천정에서 〔남쪽으로〕 16도 정도 못 미쳐 햇빛이 약간 비스듬히 비치며 태양이 수직으로 비추는 지방에 비해 따뜻한 날씨가 덜하다. 여기서부터 북쪽으로 북극에 이르면 여름철 날씨는 다른 곳의 겨울철과 같다. 그곳에서 겨울철이 되면 땅이 얼어서 갈라 터지고 얼음만 있을 뿐 물은 없어진다. 남해(동중국해를 이르는 말) 지방의 하지에는 태양의 고도가 천정에 해당되기 때문에 여름철에는 햇빛이 곧바로 내리쬐어 맹렬한 열기가 타는 듯하고 항상 얼음이 없다. 이곳으로부터 남쪽으로 적도까지는 20여 도에 이르는데, 그곳에서는 연중 따뜻한 기후가 번갈아 달라진다. 다만 적도 남북은 겨울철과 여

름철의 기후가 서로 반대다. 적도 남쪽 수십 도에 이르는 지역은 [기후가 북반구와 반대여서] 북반구의 동지에는 여름이고 하지에는 겨울인데, 그 따뜻하고 차가운 기후는 중국과 대략 비슷하다. 이곳으로부터 더욱 남쪽으로 남극에 이르면 여름철 기후는 다른 곳의 겨울과 같다. 그곳의 겨울철 기후는 땅이 얼어서 갈라 터지고 얼음만 있지 물은 없으니, 또한 북극 지방과 같다.

무릇 태양은 [천구 상의] 황도를 따라 움직이고 적도를 출입하는데 안팎의 각도가 각각 23도다. 적도에 가까운 곳은 햇빛이 수직으로 내리쬐어 그 공기가 매우 따뜻하며, 적도에서 조금 멀어 햇빛이 약간 비스듬히 비추는 곳은 공기가 조금 따뜻하나 적도에서 아주 멀어 햇빛이 옆으로 비추는 곳의 공기는 매우 차갑다. 따라서 땅에 따뜻한 기운이 있는 것은 햇빛을 받기 때문이고, 그 따뜻한 기에 정도의 차이가 있는 것은 햇빛이 비스듬히 비추느냐 곧바로 내리쬐느냐에 따른 것이다.

이것을 관찰해 보면 아침과 낮의 날씨가 다른 까닭이 분명해진다. 아침과 낮의 날씨가 다른 까닭이 분명해지면 겨울과 여름의 기후가 다른 것도 분명해지고, 겨울과 여름의 기후가 다른 까닭이 분명해지면 남쪽과 북쪽의 기후가 다른 까닭도 분명해진다.

지구 상에서 지역별로 기후의 차이가 생기는 것은 지구가 받는 태양열의 복사량과 지형 조건에 따른 것인데, 홍대용은 태양의 고도와 깊은 관계를 갖는다고 설명한다. 아침과 저녁, 밤과 낮 그리고 계절별 기온 차이도 바로 태양의 고도 차이 때문이라고 말한다. 비록 세밀하게는 설명하지 못했어도 원칙적으로는 맞는 말이다.

위의 내용을 몇 가지로 정리하면 다음과 같다.

첫째, 태양의 고도에 따라 지상에서 태양열의 복사량이 결정된다. 즉 태양의 고도가 수직에 가까울수록 태양열을 더 많이 받는다.

둘째, 지구가 구형이기 때문에 태양의 고도가 지역에 따라 다르다. 이를테면 하지 때라고 하더라도 우리나라나 중국의 북경 같은 지역에서는 태양의 고도가 수직이 아니니, 태양열도 그만큼 적게 받는다. 즉 남·북위 23.5도 이내에 있는 적도 가까운 지역에서만 태양의 고도가 수직이 될 수 있기 때문이다.

셋째, 위와 같은 이유로 남반구와 북반구의 기후가 적도를 중심으로 시기적으로 정반대가 된다.

넷째, 이렇게 해서 지구의 기후대가 형성된다. 즉 아주 추운 냉대와 한대, 우리나라나 중국의 북경 같은 지역의 온대, 연중 따듯하거나 더운 아열대, 적도의 열대가 그것이다.

이러한 내용은 《건곤체의》를 읽고 홍대용 나름으로 이해한 것이다. 아울러 이 태양의 고도를 가지고 아침과 낮의 날씨, 사계절의 기후 차이도 추론할 수 있다고 말한다. 대체로 이 주장들은 과학적 사실과 들어맞는다. 그러나 계절에 따라 태양의 고도 차이가 생기는 근본적인 원인, 곧 자전축이 23.5도 기울어진 채 지구가 태양을 공전한다는 점에 대해서는 몰랐던 것으로 보인다.

5장
/
전통 믿음에 대한 비판

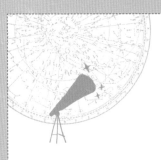

      2장에서 4장까지는 지구나 천체, 기상 현상 등에 대한 자연 과학적인 진실을 탐구했다면 5장부터는 이러한 자연 과학적인 지식을 바탕으로 전통적으로 믿어 왔던 풍습이나 사고방식, 음양 이론이나 오행설 등 자연 현상에 대한 전통 이론들을 비판한다. 그래서 음양 이론의 실제를 밝히고, 오행설의 불합리한 점을 비판하면서 각종 자연 현상에 대한 기존의 견해를 바로잡는다. 한편으로는 장례 의식이나 묏자리에 관계된 풍수지리 등의 풍습이나 허례 의식을 비판하기도 한다.

   먼저 음양 이론에 대해서는 전통적인 만물의 발생과 변화를 설명하는 음양 이론을 벗어나 보다 과학적인 측면을 고려해서 햇빛의 많고 적음으로 음양을 설명한다. 곧 양의 본질은 태양이며 음의 본질은 지구의 차가운 땅이라면서 태양의 빛이 많고 적음에 따라 음과 양으로 구분한다. 사계절의 변화또한 이런 햇빛의 양에 의해 결정된다고 말하면서 지상 생물의 생존에서 햇빛이 절대적임을 밝힌다.

   다음으로 오행에 대해서는 원래부터 만물을 구성하는 원소 개념이 아니라 만물을 분류하는 개념이었다고 주장하면서 여기에 상생과 상극 이론이 결합해 미신적인 풍습이 생겨났다고 비판한다. 나아가 홍대용은 서양의 4원소를 전통적인 오행론과 비교해 자신만의 독창적인 사행설(四行說)을 제시한다. 곧 만물의 근원인 기와 그것이 생성시킨 지구의 흙과 물, 그리고 태양의 불(햇빛)이라는 네 가지가 만물을 구성하는 요소라고 주장한다. 이러한 오행론의 비판은 선교사들의 서적에서 영향을 받았다.

또한 여러 자연 현상에 대한 잘못된 견해를 바로잡는다. 먼저 밤낮의 시간 차이와 길이 변화를 설명하는데, 지구가 둥글며 자전한다는 사실에서 추론해 설명한다. 바닷물의 조석 현상이 일어나는 원인과 기후에 따른 염도의 차이, 지각 변동의 증거, 그리고 지진이 발생하는 원인 등을 두루 살펴본다.

이어서 허례허식으로 변한 장례 의식에 대해 비판한다. 원래 유교에서는 장례 또한 부모의 은혜를 갚는 효도의 과정으로 본다. 그러나 홍대용이 살던 조선 후기에 이르면 장례의 참된 뜻은 사라지고 많은 비용을 들여 겉치레로 진행되는 등 문제가 발생했다. 이런 점을 비판하면서 본래 취지의 장례 의식을 제안한다.

끝으로 묏자리에 관한 풍수지리 이론의 미신적인 요소를 비판한다. 조상의 묏자리에 따라 후손의 길흉화복이 결정된다는 풍수지리 사상이 유교의 장례 문화와 결합해 미신적인 요소를 강화했다는 주장이다. 심지어 이런 허황된 이론에 근거해서 묏자리를 놓고 서로 다투어 재판을 일삼는 당시의 사회 풍토에 대해서도 비판한다.

이렇게 5장에 와서는 과학적인 진실을 바탕으로 본격적으로 인간 사회의 문제점과 개선 방향을 언급하기 시작한다. 그는 실학자답게 과학 지식을 바탕으로 기존의 낡은 사고방식을 버리고 미신적인 관습이나 생활 태도 등의 변화를 요구한다.

사실 이것이야말로 홍대용이 서양 과학을 공부한 진정한 목적이기도 하다. 5장부터 6장까지 이제 홍대용의 관심은 인간과 사회의 개혁 문제로 나아간다.

1 음양의 실상

허자: 태양이 동짓날에 이르면 하나의 양이 생기고 하짓날에 이르면
하나의 음이 생깁니다. 음과 양이 서로 섞여 봄과 여름이 되
고, 천지가 닫히면서 가을과 겨울이 됩니다. 또 남쪽은 양이고
북쪽이 음인 것은 지세가 정해진 모습입니다. 여름에는 따뜻
하고 겨울에는 차가운 것은 음양이 서로 섞이고 천지가 닫히
기 때문입니다.

지금 선생께서 음양으로 정해진 모습과 음양이 섞이고 천지가
닫히는 참된 이치를 버리고, 태양의 멀고 가까움과 햇빛이 비
추는 고도를 가지고 이 모든 것을 이끌어 내시는데, 그것에는
잘못된 것이 없을까요?

실용: 그렇다. 그런 말이 있어 그 입장에서 보면 그렇다. 비록 그러
하나 양의 종류는 만 가지나 되더라도 모두 불에 근원을 두고,
음의 종류가 아무리 많아도 모두 땅에 근원을 두었다. 옛사람
들이 여기서 본 것이 있어 음양의 설을 만들었다. 만물이 봄과
여름에 변화하고 생겨나므로〔음양이〕섞인다고 말하고, 만물
이 가을과 겨울에 거두어들여 감추어지므로〔천지가〕닫힌다
고 말한다. 옛사람들이 그렇게 말한 데는 제각기 이유가 있다.

그러나 그 근원을 탐구해 보면 실제로 햇빛의 많고 적음에 속한 문제지, 하늘과 땅 사이에 별도로 음양이 있는 것을 말함이 아니다. 음양의 두 기가 수시로 생겨나거나 (눈에 직접 보이지 않게) 숨어 만물을 만들고 변화를 이끌어 나간다고 하는 것은 후세 사람들의 말이다.

허자: 지구 생물(의 삶)이 햇빛에 달려 있다면, 만일 태양이 하루아침에 녹아 없어진다면 이 지구 상에는 장차 하나의 생물도 없게 되는 것인지요?

실옹: 태양빛이 없으면 얼음과 흙이 서로 엉겨 (붙어) 생물이 생성되지 못하고 어둡고 차가운 혼돈 세상으로 하나의 죽은 세계를 이룰 것이다. 우주 가운데는 햇빛의 영향에서 너무 멀어 다만 죽은 세계만으로 이루어진 곳이 어찌 천만 개뿐이겠는가?

음양의 실상을 햇빛의 많고 적음으로 설명하고 있다. 여기서 동지 때 하나의 양이 생기고 하지 때 하나의 음이 생긴다는 말은 《주역》의 괘와 관련된 것이다. 전통적인 음양 이론은 고대 시대에 이론 체계가 완성되어 자연 현상이나 인체의 질병 또는 변화, 더 나아가 인간 사회의 변화를 설명하는 이론으로까지 발전했다. 송나라 때의 성리학자들도 이 음양 이론을 이어받아 이론의 토대로 삼았다. 그래서 허자는 음양의 이론을 버리고 태양의 고도를 가지고 날씨나 계절 등을 설명하는 것이 진실로 옳은지 묻는다.

이에 대한 홍대용의 대답은 음양이란 결국 햇빛의 많고 적음에 관한 문제일 뿐이라고 단호하게 잘라 말한다. 한마디로 생물의 생성과 변화에는 햇빛이 절대적이라고 본 것이며, 햇빛이 없으면 죽은 세계가 된다고 주장한다. 이런 주장은 실제와도 상당히 들어맞으며 매우 과학적인 진실이다. 다만 음양은 전통적인 사고 체계이자 문화의 패러다임인데, 그것을 지나치게 사실적 차원으로만 해석하려 했다는 점은 문제가 있다. 이를테면 《주역》은 음과 양의 두 기호를 통해 만물의 변화와 현상을 해석하는데, 그 객관성과 합리성 여부는 자연 과학만으로 따질 수 없는 문화나 사고방식 차원의 문제일 수 있으니 섣부른 결론을 내릴 필요는 없다.

2 오행설 비판

허자: 하늘은 오행의 기요, 땅은 오행의 〔기가 엉긴〕 질입니다. 하늘
　　　에는 기가 있고 땅에는 질이 있어서 만물이 생성될 때는 저절
　　　로 그것을 갖추니, 어찌 그것이 오로지 태양에만 달려 있겠습
　　　니까?

실옹: 《서경》에서 육부(六府)를 말했는데, 수·화·목·금·토·곡(穀, 곡
　　　식)이 그것이다. 또 《주역》에서는 8괘의 상(象)을 말했으니 천
　　　(天)·지(地)·화(火)·수(水)·뇌(雷)·풍(風)·산(山)·택(澤)이 그것
　　　이다. 그리고 《서경》〈주서(周書)〉 '홍범(洪範)'에서 오행을 말했
　　　으니 수·화·목·금·토가 그것이다. 불교에서는 만물 가운데
　　　네 가지 큰 것을 말했는데, 지(地)·수(水)·화(火)·풍(風)이 그것
　　　이다.

　　　〔이처럼〕 옛사람들이 때에 따라 이론을 세워 만물을 분류하는
　　　이름을 만든 것이지, 하나를 추가하거나 하나를 삭제하면 〔절
　　　대로〕 안 되며 천지 만물이 이 숫자대로 딱 알맞게 있다고 말
　　　한 것은 아니다. 그러므로 오행의 숫자는 원래 정해진 이론이
　　　없다. 그런데도 술가(術家)들이 받들어 하도(河圖)와 낙서(洛書)
　　　로 억지로 끌어다 붙여 그럴듯하게 말하고 《주역》의 괘와 효

의 상(象)으로 세밀하게 따지며, 상생·상극이니 비복(飛伏)이니 하며 지루하게 얽고 장황하게 많은 재주를 부리고 있다. 그러나 끝내 그런 이치란 없다.

무릇 화(火)란 태양이고 수(水)와 토(土)는 지구다. 목(木)과 금(金)은 태양과 지구가 생성한 것이니 화·수·토와 동일하게 근원적인 원소로 삼는 것은 부당하다. 또 하늘이란 맑은 허공에 기가 끝없이 차 있는 것인데, 작은 지구가 불어 내고 몰아쉬는 호흡으로 지극히 맑고 지극히 텅 빈 우주 가운데 있는 하늘과 비교해서 논할 수 있겠는가? 그래서 하늘은 기일 뿐이고 태양은 불일 뿐이며 지구란 물과 흙일 뿐임을 알아야 한다. 만물이란 기의 찌꺼기로 불로 굽고 주조한 땅의 군더더기다. [기, 태양, 지구] 셋 가운데 하나라도 없으면 만물이 생성해서 변화를 이루지 못하니, 다시 무슨 의심이 있겠는가?

허자: 인간과 만물이 생겨나는 데는 [포유류의] 태와 [조류의] 알과 [식물의] 뿌리와 씨앗으로서 저마다 그 근원을 가지고 있는데, 어째서 햇빛을 기다립니까?

실옹: 인간과 만물이 생겨나고 움직이는 것은 햇빛에 그 뿌리를 둔 것이다. 만일 하루아침에 태양이 없어진다면 차가운 세계가 되어 떨고 만물이 녹아 없어지니, [포유류의] 태와 [조류의] 알과 [식물의] 뿌리와 씨앗으로 번식하는 생물이 장차 어디서 근

거를 찾겠는가? 그러므로 "땅은 만물의 어미요, 태양은 만물의 아비이며, 하늘은 만물의 할아버지다."라고 말한 것이다.

　오행이란 원래 만물을 분류하는 데 쓰인 이름이었을 뿐인데, 후대에 와서 그것을 마치 만물의 근원인 것처럼 만들었다는 주장이다. 홍대용은 오행보다는 만물의 근원을 기와 그것이 파생시킨 흙과 물, 불이라고 주장하며, 모든 생물이 생존하는 데는 햇빛의 영향이 절대적이라고 말한다. 이런 오행에 대해 비판은 서학 서적에서 비판한 내용을 받아들였다.

　여기서 하도(河圖)란 전설상의 임금 복희씨가 황하에서 얻었다는 쉰다섯 점의 그림으로 《주역》의 기본 이치가 담겨 있었고, 낙서(洛書)는 하나라 우왕이 낙수라는 강에서 얻은 거북 등에 쓰여 있었다는 무늬로 8괘와 홍범구주(洪範九疇, 우임금이 정한 아홉 가지 정치 원칙)가 이로부터 나왔다고 한다. 그리고 비복설이란 한나라 때 《주역》을 해석하던 역학 용어인데, 괘(卦)로 나타낼 수 있는 것을 비(飛)라 하고 괘로 나타나지 못하는 것을 복(伏)이라 불러서 나온 이름이다. 어쨌든 홍대용은 후대에 와서 이러한 오행설에 서로 살린다는 상생(相生)과 서로 대치한다는 상극(相剋) 등의 이론이나 비복설을 덧붙이고 그것을 점술에 이용한 것을 비판하고 있다.

　한편 여기서 홍대용은 서양의 4원소설을 수정한 나름의 사행설(四

行說, 오행에서 목과 금을 빼고 기를 추가해, 기·화·수·토의 네 요소로 보는 설)을 주장한다. 이 두 주장의 차이는 기(氣)에 대한 해석뿐이다. 서양에서는 기를 단순히 공기로 여겼지만, 홍대용은 전통적인 견해에 따라 기를 나머지 세 원소도 아우르는 만물의 근원으로 보았다. 그러니까 먼저 기가 있어서 만물이 만들어지는데, 그 가운데 지구의 흙과 물, 태양의 불을 만물을 구성하는 기본적인 원소로 이해했다는 말이다. 그 점을 그는 "땅(흙과 물)은 만물의 어미요, 태양(불)은 만물의 아비이며, 하늘(기)은 만물의 할아버지다."라고 표현했다.

끝으로 태양이 없으면 지구 상의 생물이 생겨날 수 없고 살 수 없다고 본 홍대용의 견해는 오늘날에도 타당한 주장이다.

3 자연 현상에 대한 오해와 진실

허자: 옛날에 이르기를 "하늘은 서북쪽으로 가득 차지 않고 땅은 동
　　　남쪽으로 가득 차지 않는다."라고 했습니다. 하늘과 땅에 과
　　　연 가득 차지 않는 곳이 있습니까?

실옹: 이것은 중국 민간의 말이다. 북극의 하늘이 낮게 도는 것을 보
　　　고 하늘이 가득 차지 않는다고 의심했고, 강물이 동쪽으로 흐
　　　르는 것을 보고 땅이 가득 차지 않는다고 의심했던 것이다. 땅
　　　의 형세가 우연히 그런 것에 얽매여 지구 표면의 다른 모습을
　　　살피지 않았으니, 이 또한 어리석지 않은가?

허자: 지구 표면에서 밤낮의 길이는 어느 곳이나 똑같고 차이가 없
　　　는 것입니까?

실옹: 어찌 그러하겠는가? 이를테면 우리가 있는 여기가 정오라면
　　　여기서부터 동쪽으로 90도를 가면 저녁이 되어 황혼이 지고,
　　　그곳을 더 지나면 어두운 밤이 된다. 우리가 있는 이곳으로부
　　　터 서쪽으로 90도를 가면 아침이 되어 동이 트고, 그곳을 지
　　　나 서쪽으로 더 가면 어스름한 새벽이 될 것이다. 동서로 각각
　　　180도 되는 곳은 이곳의 정반대 쪽으로 한밤중이 된다.
　　　적도 남북 각 20도가량의 지역은 연중 밤낮의 길이가 모두 같

고, 그 차이는 몇 분에 지나지 않는다. 이 지역을 남북으로 지나면 밤낮의 길이 차이가 점차 많아지는데, 그 차이가 가장 많은 곳은 11시간이 넘는 경우도 있고 가장 적은 곳은 1시간에도 미치지 못한다.

두 극지방에 이르면 천구의 적도는 지평선에 맞닿는데, 북극을 기준으로 보면 태양이 천구의 적도 위쪽에 있을 때는 낮으로 그 길이가 반년을 차지하고, 적도 아래쪽에 있을 때는 밤으로서 또한 그 길이가 반년을 차지한다.

하늘과 땅 가운데 가득 차지 않은 부분이 있다는 과거의 견해를 비판하면서 지구 상 위도에 따라 밤낮의 차이가 있다는 사실을 밝히고 있다.

먼저 허자의 첫 번째 질문은 과거의 '하늘은 둥글고 땅은 네모지다.'는 천원지방의 관점에서 물은 것이다. 중위도에 속하는 우리나라나 중국의 북경 지방에서 관측되는 천구의 북극은 비교적 낮다. 해당 지역의 위도가 북극의 고도와 같기 때문에 북반구에서는 위도가 낮을수록 북극의 하늘은 낮고, 위도가 높을수록 북극의 고도는 높다. 우리나라나 중국은 위도가 높지 않기 때문에 그곳에서 관측되는 북극의 하늘은 항상 낮다. 그래서 하늘이 가득 차지 않은 것처럼 보인다. 그리고 중국의 지형은 서북쪽이 높고 동남쪽이 낮아서 강물이 서북쪽에서 동남쪽으로 흐른다. 이 같은 사실 때문에 마치 동남쪽의 땅이 낮고 가득 차지 않았다고 여겼을 것이다.

두 번째 질문에 대한 답 또한 지역에 따라 밤낮의 시작 시점에 차이가 나는 것은 경도의 차이에 따라, 밤낮의 길이 차이는 위도 차이에 따라 달라진다는 사실을 정확하게 지적하고 있다. 극지방의 밤낮에 대한 설명도 오늘날의 과학적인 사실과 맞아떨어진다. 한편 여기서 사용한 시간은 하루를 12시간으로 본 옛날 시간이니 오늘날의 시간과는 다르다는 점에 유의하자. 이 내용은 마테오 리치의 《건곤체의》에도 자세하게 나오는 것이다.

> 허자: 저 바다는 가물어도 마르지 않고, 비가 와도 넘치지 않으며, 추워도 얼지 않고, 수많은 강물이 흘러들어도 그 짠맛이 변하지 않으며, 밀물과 썰물이 때에 따라 정확히 일어나니, 그 이치를 듣고 싶습니다.
>
> 실옹: 달은 물의 정기(精氣)다. 물이 달을 만나면 감응하는데, 솟아올라 물결을 친다. 달에는 일정한 궤도가 있고 조수에도 일정한 주기가 있어서, 물결의 기세가 위아래로 흔들리고 치솟아 저절로 나아가고 물러남이 있다. 달과 작용하는 물결에 가까우면 나아가고 물러남이 맹렬하고, 그 물결에서 멀면 나아가고 물러남이 미미하다. 그 물결에서 더욱 멀면 물결의 기세가 미

치지 못해 밀물과 썰물을 이루지 못한다.

바닷물은 비록 많이 쌓여도 새어 나가지 않는다. 적도에 가까운 곳의 바닷물은 햇볕이 내리쬐어 달구어져서 짠맛을 이루는데, 그 맛이 소금에 담근 메주 같다. 적도 지방의 바닷물은 여울물같이 용솟음치고 태양의 고도가 높은 지역이라 겨울에도 얼음이 얼지 않는다. 그러나 남극과 북극 지방에서는 땅의 날씨가 매우 춥고 햇볕이 내리쬐는 것도 미미하며 밀물과 썰물의 물결이 미치지 못하므로 또한 얼음 바다가 있다.

또 바다에 고인 물은 커서 끝없이 넓게 넘실거리며 아무리 강물이 흘러들고 장마가 져도 실로 하나의 잔에 담긴 물처럼 커다란 공간에서 많아지거나 적어짐이 없다. (중략)

밀물과 썰물의 이치와 바닷물의 염도, 바닷물이 줄어들지 않는 사실 등을 나름대로 밝혔다. 사실 조석 현상을 일으키는 힘은 지구와 태양과 달의 중력(인력) 때문인데, 그런 중력에 대한 이론이 아직 나오지 않은 관계로 단지 물이 달을 만나 감응해서 솟아오르고, 조수에 일정한 주기가 있다고 주장한 것이다. 이 주장은 오랫동안 관측한 결과 달과 바닷물의 조수 현상이 일정한 관계가 있다는 사실을 동양이든 서양이든 인정하면서 나온 견해다. 그러나 그 원인이 무엇인지는 정확하게 파악하지 못해 달이 물의 정기라고 보고 서로 반응한다는 식으로 설명하였다.

"바닷물은 비록 많이 쌓여도 새어 나가지 않는다."라는 말은《공제격치》에서 "(장자가) 바닷물이 새어 나가는 곳에서 물이 새어 나간다."라고 말한 것을 비판했는데, 그것을 그대로 받아들여서 나온 주장이다. 이것은 오늘날의 과학적인 사실과도 들어맞는 내용이다. 적도의 바닷물이 더 짜다는 주장도 기온이 높아 수분의 증발량이 많다는 사실을 추론하고 수많은 항해자들이 경험에 따라 증언한 내용을 토대로 나온 것이다. 이 내용도 서학 서적에 있다.

> 허자: 옛사람이 말한 "뽕나무 밭이 변해 푸른 바다가 된다."는 그런 이치가 있습니까?
>
> 실옹: 내가 보건대 인간의 수명은 백 년을 넘지 못하고, 나라의 역사에도 뽕나무 밭이 변해 바다가 된 실제 자취는 전하지 않는다. 땅과 물의 변화는 점진적이고 빠르지 않아 인간들이 〔직접 경험해서〕깨달을 수 없다. 조개껍데기나 물에 닳은 조약돌이 간혹 높은 산 위에 있기도 하고, 바닷가 근처의 산에는 흰모래와 유사한 것이 많은데, 이것은 바닷물과 땅이 서로 나아가고 물러난 흔적이 매우 뚜렷함을 보여 준다. 또 중국을 보더라도 요동의 천 리 평야는 곧 하나라 우임금 시절 구하(九河, 황화의 9개 지류)의 옛길이요, 사막 밖의 모래와 자갈은 곧 황하의 옛길

이다. 맹자는 이렇게 말하지 않았는가! "홍수가 가로 흘러 중국으로 넘쳤다." (중략) 이렇게 중국의 역사를 살펴본다면 뽕나무 밭이 변해 푸른 바다가 된다는 이치를 알 수 있다.

지각 변동의 문제를 다루고 있다. "뽕나무 밭이 변해 푸른 바다가 된다."는 말은 상전벽해(桑田碧海)라는 고사성어를 의미한다. 여기서 홍대용은 산 위에서 발견되는 화석이나 조개껍데기 같은 유물을 통해 지각 변동을 추론할 수 있으며, 중국의 문헌을 가지고 짐작해 볼 때 강이 육지가 되고 육지가 강이 되는 지각 변동이 있었음을 확인할 수 있다고 말한다. 사실 화석 등을 통해 지각 변동을 해석하는 것은 현대의 연구 방법과 일치하는 대목이다. 그런데 재미있는 것은 이런 지각 변동 문제가 성리학을 완성한 주자의 말에도 나온다는 사실이다. 그가 쓴 《주자어류(朱子語類)》에는 이런 말이 나온다.

"높은 산에 소라 껍데기와 조개껍데기가 있는 것을 항상 보는데, 때때로 화석이 된 것도 있다. 화석이 들어 있는 돌은 옛날의 흙이고 소라 껍데기는 원래 수중 생물인데, 낮은 곳이 변해 도리어 높은 곳이 되고, 부드러운 것이 변해서 딱딱한 것이 되었다. 이 일을 매우 깊이 생각해 보면 [만물의] 변화를 증험할 수 있는 것이 있다."

그런데 홍대용도 지각 변동이 일어나는 원인이 무엇인지 과학적인 관점에서 깊이 들어가지는 못하고 있다. 사실 현대 과학에서도 지각 변동의 원인인 맨틀이나 판 이론이 등장한 것은 얼마 되지 않은 일이다. 그러니 홍대용의 시대에 그 원인을 밝혀내기란 매우 어려운 일이지 않겠는가?

> 허자: 땅에 진동이 있고 산이 옮겨지는 일은 무엇입니까?
> 실옹: 땅이란 살아 있는 물건이다. 혈맥이 서로 연결되어 기운차게 살아 움직이는 것은 실로 사람의 몸과 같다. 다만 그 몸체가 크고 움직임이 무거워 사람이 뛰며 움직이는 것과 같지 않을 뿐이다. 그래서 땅에 작은 변화만 있어도 인간들은 반드시 괴이하게 여기고 그로 인한 재앙과 상서로움을 망령되이 헤아린다. 사실은 물과 불과 바람과 기가 땅속을 두루 다니거나 흐르다가 막혀서 진동을 이루고, 격렬하면 땅을 밀어 옮기기도 하는데, 그 기세가 그러하다.

여기서는 지진의 원인을 나름대로 밝히고 있다. 홍대용도 서학 서적에서 땅속에서 압박받는 공기 때문에 지진이 일어난다는 내용을 읽었을 것이다. 그럼에도 홍대용이 공기가 지진의 주요 원인이라는 생각에 선뜻 동의하지 않은 것은 기가 가볍고 힘이 없다고 생각했기 때문이다. 이 점은 그가 우주에 상하의 기세가 없다고 말할 때도 이미 밝힌 바 있다. 그래서 그는 물, 불, 바람, 기 등 네 가지 요소가 모두 작용해 지진을 일으킨다고 추론한 듯하다.

또한 홍대용은 땅, 즉 무생물도 살아 움직인다는 전통적인 기 철학의 관점을 가지고 지진을 설명하고 있다. 물론 여기서 살아 움직인다는 뜻은 생물처럼 생명 활동을 한다는 개념이라기보다 지구의 운동이나 활동 개념에 더 가까울 것이다.

여기서 하나 더 짚고 넘어가야 할 내용이 있다. 당시까지 지진이 닥치면 그것을 인간 사회와 연관시켜 미신적으로 보는 경향이 지배적이었다. 그러나 과학적인 탐구를 하다 보면 지진 역시 하나의 자연 현상일 뿐이며 인간 사회의 길흉과는 아무 관련도 없다는 사실을 알 수 있다. 이런 점에서 홍대용은 억측이나 미신에 빠져 있던 당시 사회에서 합리적이고 과학적인 사고야말로 사회 개혁을 이루는 뿌리라고 굳게 믿었던 듯하다.

4 장례의 참뜻

허자: 사람이 죽었을 때 좋은 땅에 장사 지내지 못하면 바람과 불이
〔무덤에〕 재앙을 일으킨다는데, 그런 이치가 있습니까?

실옹: 물과 불과 바람과 기가 돌아다니는 데는 맥락이 있는데, 꽉 찬
것을 만나면 피해 가고 텅 빈 곳을 만나면 모인다. 장례를 제
대로 치르지 못하면 〔무덤에〕 재앙이 반드시 금방 닥치는데,
시신이 뒤집히고 타서 터지거나 그 속에 벌레가 생기고 백골
이 썩어 흩어진다. 그러니 편안하게 모시지 못한 것이다.

허자: 깨끗하고 윤기가 있으며 물과 불과 바람과 벌레가 보이지 않
았던 땅에 장사를 지냈는데도, 오래된 무덤을 열어 보면 아무
탈 없이 편안하고 좋아 보이는 유해가 극히 적은 것은 무슨 까
닭입니까?

실옹: 좋은 질문이로다! 인간이라면 부모님이 살아 계실 때는 받들
어 모시기를 다하고 돌아가시면 공경을 다하는 게 도리인데,
부모님이 남긴 서책과 의복을 높이 받들어 정성껏 보관하는
것이 지극한 공경이다. 하물며 유해에 대해서는 더욱 그러하
지 않겠는가? 무덤이란 유해를 간직하는 곳이니 감히 공경하
고 삼가지 않겠는가? (중략) 비록 그러하나 단지 눈앞에 보이

는 미관에만 힘을 써 끝내 더러워지는 것을 생각하지 않으니, 어찌 효성스럽고 지혜롭다고 말할 수 있겠는가? (중략)

무릇 〔더럽다고 여기는〕 흙이란 만물의 어머니요 생명의 근본이다. 잘 놓은 수(繡)도 흙의 아름다움에 견줄 수 없고, 주옥〔같은 보석〕도 흙의 깨끗함에 견주지 못한다. 다만 인간의 몸은 습기 찬 곳에 머물면 병이 생기고, 입고 있는 아름다운 옷도 땅에 가까우면 더러워진다. 그래서 높은 집에서 자리를 겹겹이 까는 것은 흙을 멀리하기 때문에 귀한 것이요, 움막에서 거적을 깔고 거처하는 것은 흙에 가깝기 때문에 천한 것이다. 마침내 인간이 예로부터 내려오는 일상적인 것에 습관이 되어 드디어 그 근본을 잊어버렸다. (중략)

〔또 유해를 잘 모시기 위해 화려하게 꾸미는 것보다〕 검소함을 숭상하고 장식에서 절약하며 그 근본을 잊지 않고 때에 맞게 하되, 습관이 된 풍속을 따르지 말며 편안히 모시는 것을 길이 생각해야 한다. 무릇 평원과 높은 언덕은 모두 좋은 땅이니 어찌 바람과 불의 재앙이 있겠는가? 이것은 사람의 자식으로서 반드시 알아야 하는 것이다.

대체로 주(周)나라가 번성했을 때는 화려하게 꾸미는 것을 숭상해 예물을 매우 잘 갖추었고, 맹자가 묵자(墨子)를 비판할 때는 지나치게 검소한 장례 절차를 꾸짖었다. 겹으로 만든 관과 부장품을 제대로 갖추고 흙이 어버이의 피부에 닿지 않아야 한다는 주장은 폐단이 아닐 수 없다.

앞에서도 나오지만 홍대용은 땅속에서 물과 불과 바람과 기가 돌아다닌다고 생각했다. 여기서도 그런 그의 생각을 적용해 그런 것들이 무덤 같은 빈 공간을 만나면 들어가 시신을 훼손한다고 주장한다.

그런데 유교식 전통 장례는 시신을 땅에 묻는 매장이다. 그것도 점차 형식적인 예가 발달하면서 관이나 염습(殮襲, 시체를 씻긴 다음 옷을 입히고 묶는 일) 용품에 신경을 써 비용도 많이 들어갔다. 하지만 아무리 고가품으로 써도 물과 불과 바람과 기가 땅속에서 돌아다니며 훼손하게 마련이니 그것이 무슨 소용이 있겠는가? 그래서 홍대용은 장례 용품 등을 잘 갖추는 것에 대해 부질없는 짓이라고 꾸짖으며 오히려 고대에 행하던 봉분조차 없는 소박한 장례 방식을 들먹이기도 한다 (생략된 내용). 맹자는 묵자의 무리가 자기 부모의 장례조차 제대로 치르지 않는다면서 묵가(墨家)의 검소하고 소박한 장례 방식을 비판했는데, 홍대용은 도리어 주나라 맹자의 장례 풍습이 허례허식에 치우쳤다고 보았다. 이런 점에서 그는 묵자의 절약 정신을 어느 정도 받아들이고 있다.

5 묏자리와 길흉화복

허자: 길하고 흉한 묏자리 때문에 자손에게 재앙과 복이 있다고 하는데, 조상과 후손에게 〔서로 연결된〕 기가 감응하는 그런 이치가 있습니까?

실용: 중죄인이 감옥에서 완전히 고초를 당해 감당할 수 없는 지경에 이르러도 그 중죄인 자식의 몸에 나쁜 병이 생겼다는 말을 듣지 못했다. 하물며 죽은 자의 오래된 유골이야 말해 무엇 하겠는가?

비록 그러하나 술법이란 망령된 것이어서 실로 그러한 이치가 없는데도 전해지고 믿은 지가 오래되었다. 많은 사람들이 마음속의 영험함과 능력을 합치면 없다고 생각하던 것도 있게 만드니, 종종 보통 사람이 부리는 잔꾀에 하늘이 따라 주기도 하는 법이다. 그러니 "입이 여럿이면 쇠도 녹이고 비방이 쌓이면 뼈도 녹인다."는 말에는 자연스레 그러한 이치가 들어 있다. 무릇 천문 현상으로 좋은 징조와 재앙을 점치고, 괘와 산가지로 길하고 흉함을 점치며, 기도와 제사로 귀신의 응답을 기다리고, 풍수지리로 자손의 화복을 점치는 것은 모두 그 이치가 같다.

채계통(蔡季通)이 조정에서 죄를 얻어 귀양 갔을 때 남의 묘를 옮기게 한 것을 뉘우쳤다. 무릇 까닭 없이 남의 묘를 이장한 데 대해서는 마땅히 그 잘못을 뉘우쳐야 하는 일이지만, 그보다 오직 잘못된 술법을 높이고 믿은 것이 실로 죄의 근본이라고 할 수 있다. 하물며 주자가 쓴 〈산릉의장(山陵議狀)〉을 보면 오로지 [잘못된] 술법을 주장함이 심하기 그지없다. 하지만 대사(臺史)가 이 말을 유학의 큰 스승이 한 말씀이라 일컬으니 사람들이 감히 그 잘못됨을 따지지 못했다. 그래서 [그릇된] 이설(異說)이 가벼이 기세를 떨치니, 천하는 미친 듯이 재판을 벌이거나 감옥에 갇히는 일이 늘어났다. 그리하여 인심이 날로 무너지는 혹심한 폐단이 어찌 돈오(頓悟)나 사공(事功)의 일에 견주는 것에 그칠 뿐이겠는가?

여기서 홍대용은 묏자리에 따른 길흉화복은 원래 근거가 없는 것이라는 점을 명확하게 주장한다. 홍대용은 묏자리에 따라 길흉화복이 온다는 논리의 허황된 점은 감옥에 들어가 고생하는 죄인의 자식이 중병에 걸린다고 믿는 것과 무엇이 다르냐고 반박한다. 하지만 이런 허황된 주장도 많은 사람이 믿고 따르면 당연하게 사회에 영향을 미치며, 특히 주자 같은 사람이 그에 동조해 더욱 그렇다는 점을 지적한다.

주자는 현실적인 성리학자였는데도 풍수지리에 관심이 많아 그에 관한 글을 남기기도 했다. 그가 쓴 〈산릉의장〉은 남송의 효종이 죽자 다음 황제인 영종에게 능묘 선택에 관해서 건의한 글로, 풍수지리에 대한 그의 입장을 잘 보여 준다. 그는 산세의 아름다움이나 추함에 따라 길지와 흉지로 나뉜다고 주장한다. 이런 주자의 취향 때문에 성리학이 지배적이던 조선에서는 일찍부터 〈산릉의장〉을 묏자리를 정하는 풍수지리의 고전으로 받아들였다.

채계통은 주자의 친구이자 제자였다. 정치적 반대파들이 주자를 제거할 목적으로 묏자리 문제를 가지고 그를 먼저 선택해서 공격했다. 대사(臺史)는 주자와 같은 시기에 살았으며 〈산릉의장〉 속에 등장하는 인물이다. 돈오는 선불교에서 일순간에 깨달음을 얻는 것을 말하는데, 이 글에서는 불교를 믿는 무리를 상징한다. 사공은 유학자들 가운데 일부가 윤리나 도덕 문제보다 경제적 이익이나 일의 성과에만 매달리는 경우가 있었는데, 여기서는 그런 부류의 그릇된 폐단을 상징한다.

어쨌든 조선 후기 지방 관청에서 가장 많았던 재판 사건이 바로 이 묏자리를 놓고 다투는 일이었다고 한다. 이는 풍수지리설의 미신적인 측면이 유교의 장례 의식과 결합하면서 많은 폐단을 낳은 현상이었다. 홍대용도 이런 문제점을 인식해서 그런지 주자까지 지적하면서 비판하고 있다.

인간 세상의 흥망성쇠

　　6장은 5장에 이어 홍대용이 새로운 자연 과학 지식을 바탕으로 인간 사회의 역사를 나름대로 해석하는 곳이라 하겠다. 홍대용은 서학을 접하고 선교사들을 통해 새롭게 듣거나 배운 지식을 근거로 전통적인 인간관, 역사관을 극복하려고 시도한다. 그는 다음의 두 가지 측면에서 이것을 시도한다. 하나는 서양 종교와 비교해 인간과 만물 생성의 문제를 다시 검토하는 것이며, 또 하나는 당시 조선 선비들의 역사관이기도 했던 중국 고대 시대를 이상적인 시대로 보던 역사관에 대해 나름의 대안을 내놓으려 했다는 점이다. 사실 중국 고대의 하·은·주 시대를 이상 사회로 보는 것은 공자가 제시한 역사관이기도 해서 성리학자들은 절대적으로 받아들이고 있었다. 그러나 서양의 문명관, 특히 기독교적 세계관을 접하면서 홍대용은 전통적인 역사관에 대해서도 나름의 재해석을 시도한다.

　　먼저 인류의 탄생 과정에 대해서는 그가 앞에서도 주장했던 기와 그 파생물인 흙·물·불의 요소에 근거해 기에 의해 인간과 만물이 태어난다고 보았다. 이렇게 기에 의해 인간이 탄생하는 것을 기화(氣化)라고 부른다. 인간이나 생물이 태어나면서 남녀나 암수가 짝짓기를 통해 자손을 이어 가는 것을 형화(形化)라고 하는데, 인류는 이 과정을 통해 번성한다고 본다. 그런데 홍대용은 이 태고 시대를 성서의 에덴동산 이야기와 유사하게 인간만이 아니라 만물도 살기 좋은 세상이라고 말한다. 아마도 그가 성서의 내용을 보았거나 적어도 간접적으로 들어 본 적이 있어서 그렇지 않을까 추측된다.

다음으로 태고 이후 시대에서는 인간이 순수한 자신의 본질을 잃고 타락하면서 혼란에 빠졌다고 주장한다. 굶주림과 갈증, 다툼과 전쟁 등의 재앙도 이때부터 생겨났다는 것인데, 아담과 이브의 낙원 추방 이후 모습을 연상시킨다. 사실 전통적인 역사관에서도 삼황오제 시기와 하·은·주 시대 이후에는 인간 세상이 타락했다고 본다. 이렇게 이상적인 시대 이후에 인간이 타락했다는 관점은 동양이든 서양이든 모두 보이는 것이어서 홍대용도 쉽게 받아들인 듯하다. 그런데 중국의 삼황오제 시대를 보는 관점은 기존의 성리학적 관점과 약간 다르다. 홍대용은 삼황오제 시대를 인간 사회가 태고 시대에서 타락하자 여러 성인이 나타나 법도와 기준을 만들었지만 태곳적만큼 좋은 시절은 아니라고 본다. 이것은 삼황오제 시대를 비롯해 하·은·주 삼대를 이상 사회라고 여기던 유학자들의 생각과는 다소 다르다.

이후 중국의 역사 전체를 간략하게 소개하면서 마지막으로는 화이론을 비판한다. 중국, 즉 명나라의 문물이 쇠퇴하고 약해져서 오랑캐라고 불리던 청나라가 중국을 지배했는데, 이미 망한 중국을 높이고 중국의 예법을 따져 무슨 의미가 있느냐는 것이다. 그래서 화이론을 부정하면서, 공자가 오랑캐의 나라에 가서 살았다고 하더라도 그곳을 중심으로 《춘추》를 지었을 것이라는 '역외 춘추론'을 주장한다. 이것은 중국이 세계의 중심이 아니라 각 나라 모두 세계의 중심이 될 수도 있다는 생각이자 이 책이 강조하고자 한 결론이기도 하다.

이처럼 6장에서는 홍대용 자신만의 독특한 역사관을 제시하면서 화이론 등을 비판하고 모든 나라가 동등한 입장에서 살아가야 한다는 점을 강조한다. 자연과 세계에 대한 이해가 새롭게 바뀌면, 인간과 사회 그리고 역사에 대한 견해도 자연스럽게 바뀌는 법이다. 이렇듯 홍대용의 자연 과학에 대한 탐구는 사실 그가 살던 조선 후기 사회의 변화와 개혁을 위한 이론적 근거였던 셈이다.

1 태고 시대와 최초의 인간

허자: 천지의 형체와 상황에 대해서는 이미 가르침을 들었습니다. 청하옵건대 인간과 만물의 근본, 고금의 변화, 중국과 오랑캐의 구분은 어떠한지 듣고 싶습니다.

실옹: 지구란 우주의 살아 있는 물건이다. 지구의 흙은 피부와 살이며 물은 정액과 혈액이고, 비와 이슬은 눈물과 땀이며 바람과 불은 혼백과 혈기다. 그러므로 물과 흙은 지구 안에서 빚어내고, 햇빛은 지구 밖에서 열을 가해 원기가 모여서 만물을 생성하고 번성하게 한다. 풀과 나무는 지구의 모발이요, 사람과 짐승은 지구의 이와 벼룩이다.

바위굴이나 토굴에서 기가 모여 질을 이루어〔인간과 만물이〕생겨난 것을 기화(氣化)라 부르고, 암수가 서로 끌려서 육체로 짝짓기를 해 후손을 잉태하고 생산하는 것을 형화(形化)라 부른다. 태고 시절에는 오로지 기화만 있어 인간과 동물이 번성하지는 못했다. 그러나 부여받은 성품에 깊이가 있고 두터우며, 신묘한 지혜가 맑고 밝아, 몸가짐이 순수하고 도타웠다. 먹고사는 데 물질에〔크게〕의지하지 않았고, 희로애락이 마음에서 싹트지 않았으며, 숨을 쉬면서도 굶주리거나 목마르지

않았다. 일부러 무엇을 하려는 것도 없고 욕구도 없이 즐겁게
놀며 살아갔다.

새와 짐승과 물고기와 자라도 모두 각자의 타고난 수명을 다
누렸으며, 풀과 나무와 쇠와 돌도 제각기 그 형체가 손상되지
않고 잘 보존되었다. 하늘에서 요사스럽게 해치려는 재앙이
내리지 않았고, 땅에도 지진으로 무너지거나 강이나 우물이
마르는 피해가 없었다. 이 시절은 인간과 만물의 근본이요 참
으로 크게 화평한 세상이었다.

인간과 생물의 탄생 과정과 태고 시대에 대해 말하고 있다. 홍대용
은 지구를 살아 있는 존재로 보았는데, 그 밑바탕에는 만물을 이루는
것이 기와 물과 흙 그리고 불이라고 보는 그의 수정된 사행설이 자
리 잡고 있다. 그리고 사행 가운데 근본인 기(氣)에 의해 만물이 형성
되었다는 말하는데, 그것이 바로 자연이 조화롭게 저절로 만물을 이
루어 내는 기화(氣化)다. 이런 기화의 세상은 비록 번성하지는 못해도
만물이 조화를 이루고 평화롭게 사는 행복한 세상, 즉 유토피아(낙원)
였다는 것이다. 이 주장은 《구약성서》〈창세기〉에서 말하는 에덴동산
을 연상시킨다.

기록을 보면 홍대용이 중국에 갔을 때 서양 종교에도 관심이 있
어 선교사들에게 물었다는 이야기가 나온다. 또한 중국인 신자들과

도 기독교에 대해서 자세하게 이야기를 나눌 기회가 있었다. 더구나 선교사들이 쓴 기독교 서적을 구해 보았을 가능성도 충분히 있다. 이렇게 홍대용은 기독교의 천지 창조론도 알았을 것이기 때문에 전통적인 관점의 기화와 형화의 개념으로 만물의 창조를 설명했지만, 태고 시대를 기독교적인 낙원으로 이해했을 가능성도 충분하다. 물론 동양의 전통적인 관점에서도 삼황오제 시대와 같은 이상 사회가 있었으니, 태고 시대를 낙원이나 이상 사회로 보는 데는 별다른 문제가 없었을 것이다.

어쨌든 태고의 기화 세계는 인간을 비롯한 동식물과 무생물 모두가 조화롭게 부족함도 없이 자연스럽게 살아가는 행복한 세상이라는 것이 홍대용의 주장이다. 그런데 이런 생각에는 그가 살던 사회에 대한 부정적인 시각이 내포되어 있으며, 이상 사회 이후 좋지 않은 방향으로 역사가 진행되었다는 문제의식이 들어 있다. 이것은 그가 당시의 현실 상황을 매우 비판적으로 받아들였다는 점을 보여 준다.

2 중고 시대 이후 인간 사회의 혼란

실옹: 중고 시대로 내려와서는 땅의 기운이 비로소 쇠퇴해 인간과
만물의 생성이 잡되고 혼탁하게 변했다. 남녀가 서로 모이고
이에 정욕이 생겨 짝짓기를 해서 태아가 생기니, 비로소 형화
가 있었다. 형화가 있고 나자 인간과 생물이 더 많이 넘쳐 나
고 땅의 기운이 더욱 빠져나가 기화가 끊어졌다. 기화가 끊
어지니 인간과 생물의 탄생도 오로지 형화의 정(精, 수컷의 기
운, 정자)과 혈(血, 암컷의 기운, 난자)을 타고났다. 그리하여 찌꺼
기와 더러운 것이 점차 늘어나고, 맑고 밝은 것이 점차 사라
졌다. 이것이 천지가 막히게 된 운수요 재앙과 혼란의 시초다.
남녀가 짝짓기를 하니 정기(精氣)와 혈기(血氣)가 소모되고 고
갈되었으며, 빈틈없는 잔꾀가 마음을 공격해 정신이 〔욕망의〕
불꽃으로 그을리고 들볶였다. 몸 안으로는 굶주림과 갈증에
대한 근심이 있고 몸 밖으로는 추위와 더위의 고통이 있어서,
풀을 씹고 물을 마시며 굶주림과 갈증을 충족시키고, 나무 위
에 집을 틀거나 굴속에 움집을 만들어 더위와 추위를 피했다.
이에 만물은 저마다 자기 몸의 욕구를 채우기에 이르니 백성
들은 비로소 다투기 시작했다. 식물과 물로는 먹을 것이 모

자라자 사냥과 고기잡이를 하고, 새와 짐승과 물고기와 자라는 마침내 타고난 수명을 다 누리지 못하게 되었다. 인간들은 이제 나무 위에 집을 틀거나 굴속에서 사는 것이 누추하다면서 사치스럽게 용마루를 올리고 집을 지으니, 풀과 나무와 쇠와 돌이 그 몸체를 보존하지 못했다. 기름진 고기와 좋은 곡식만 입에 맞으니 오장육부가 약해졌고, 베와 비단이 그 몸을 따듯하게 하니 사지와 뼈마디에서 힘이 빠졌다. 왕들이 자기의 동산과 정자와 못과 연못을 만들려고 백성들을 함부로 부리니 지력(地力)이 소모되고 사람들이 분노해 원망하거나 저주하며, 음탕하고 더러운 기운이 위로 올라가 하늘의 재앙이 나타났다.

이에 용감하거나 지혜롭거나 욕심 많은 자가 그 가운데 태어나, 생각을 같이하는 자들을 거느리고 저마다 우두머리 자리를 차지하니, 약한 자는 힘든 일에 종사하고 강한 자는 그 이익을 누렸다. 땅의 경계를 나누고 서로 찢어 가진 땅을 합쳐 소유하려고 눈을 부릅떴다. 그래서 서로 노려보며 군사를 훈련시켜 싸우거나 주먹을 휘두르며 몸으로 싸우니, 백성들은 비로소 그 생명을 상하게 되었다.

간교한 자가 재주를 부려 살기(殺氣)를 떨치기 위해 쇠를 달구고 나무를 깎아 흉기를 만들었다. 칼과 창의 예리함과 화살의 독으로 성과 땅을 쟁탈하니 언덕과 들판은 쓰러진 주검으로 채워졌다. 대체로 백성들의 재앙은 여기에 이르러 극에 달했다.

기화의 세계가 사라지면서 인류에게 닥친 중고 시대의 타락한 세상 모습을 상세하게 그리고 있다. 홍대용은 이런 혼탁한 세상으로 변한 원인을 점차 기화가 사라지고 형화로 바뀌었기 때문이라고 본다. 자연에 가득 차 있던 천지의 기운이 쇠퇴하면서 암컷과 수컷이 모여 짝짓기를 통해 형화로 무리를 이루기 시작했고, 이런 형화가 이어지자 기화는 끊어지고 세상에는 자기 욕심만 늘어나 그것이 재앙과 혼란의 시초가 되었다는 주장이다.

사실 형화의 세계는 《구약성서》〈창세기〉의 아담과 이브가 낙원을 잃어버린 뒤의 세상과 너무나도 흡사하다. 다만 홍대용은 신의 말씀을 어겼다고 하는 〈창세기〉와 달리 땅의 기운이 쇠퇴했기 때문에 이런 재앙이 발생했다고 본다. 그러니까 인간의 타락이 최초 인간의 잘못에 의해서 발생한 것이 아니라 자연적으로 그렇게 된 것이라는 주장이다. 다만 인간에게 문제가 있다면 지나친 욕망에 사로잡혀 스스로 재앙을 키웠다는 것이다. 이런 점으로 보면 인간이 타락한 원인이 하느님의 명령을 어긴 탓이기 때문에 인간이 범한 원죄를 사면받기 위해서는 구세주인 예수를 믿어야 한다는 정통 기독교의 교리와는 전적으로 다른 견해인 셈이다. 그 결과 뒤에서 나오지만 홍대용은 인간이 타락한 문제를 해결하는 방안으로 과학적이고 합리적인 사고방식과 인간의 의지를 강조한다.

어쨌든 홍대용은 기화와 형화의 개념을 밀고 나가 태고 시대에서 중고 시대로 전환한 것에 대해 설명한다. 물론 그것이 사실인지 아닌지 중요한 것은 아니지만, 그 나름대로 합리적인 인과 관계를 설정하려고 노력했음을 알 수 있다.

3 삼황오제 시대

실옹: 〔고대 중국의 9주 가운데 하나인〕 기주(冀州) 지역 사방 천리의
　　　땅을 원래 중국이라 부르는데, 산을 등지고 바다와 맞닿으니
　　　바람과 물이 알맞고 넉넉하며, 해와 달이 맑게 비춰 추위와 더
　　　위가 적당하고, 황하와 오악(五嶽, 중국의 이름난 다섯 산)의 신령
　　　스런 기운이 모여 착하고 어진 사람들이 견실하게 태어났다.
　　　저 복희씨(伏羲氏)와 신농씨(神農氏)와 황제(黃帝, 헌원씨軒轅氏)
　　　와 요순(堯舜)이 일어나서 띠풀을 엮어 지붕을 이고 흙섬돌을
　　　만들었으며, 몸소 검소한 덕을 앞세워 백성들의 생업을 마련
　　　해 주었다. 조심해서 제도를 꾸미고, 공손하고 겸손하며 몸소
　　　밝은 덕을 행해 백성이 지켜야 할 도리를 펼치니, 문물과 교화
　　　가 가득 넘쳐서 천하가 화목하고 즐거웠다. 이것이 중국의 이
　　　른바 성인의 공덕(功德)과 가르침이요, 지극히 잘 다스려진 세
　　　상이었다.
　　　때와 풍속을 따르는 것은 성인의 융통성 있는 도리이며 다스
　　　리는 방법이다. 무릇 크게 화평하며 순수하고 두터운 풍속이
　　　이루어지는 것은 성인이 원하는 바다. 그러나 때가 바뀌어 풍
　　　속이 이미 굳으면 금지하고 막는 것도 시행되지 않는 법이다.

그렇다고 그것을 거슬러 막으면 그 혼란이 더욱 심해지므로, 성인의 노력도 실로 미치지 못하는 것이 있었다. 그러므로 공자가 《중용》에서 말하기를 "지금 세상에 살면서 옛날의 도리를 회복하려고 하면 그 몸에 재앙이 미친다."고 했던 것이다.

남녀가 정욕을 느끼는 것을 이미 금지할 수 없게 되자, 혼인의 예법으로 부부라는 짝을 정해 그 음란함을 막았을 뿐이다. 궁궐과 좋은 집에 사는 것을 이미 금지할 수 없게 되자, 작은 초가집에 살게 하면서 함부로 돌을 깎거나 나무를 베지 못하게 해 그 화려함을 막았을 뿐이다. 고기와 생선을 먹는 것을 이미 금지할 수 없게 되자, 낚시질은 하되 그물질을 못하게 하고 산과 못에 들어가는 것을 엄격히 통제해 물고기와 짐승을 지나치게 잡는 것을 막았을 뿐이다. 베옷과 비단옷을 입는 것을 이미 금지할 수 없게 되자, 늙은이와 젊은이의 옷을 다르게 규제해 윗사람과 아랫사람의 표시를 만들어서 사치를 금했을 뿐이다.

그러므로 예악과 제도는 성인이 비가 새는 지붕의 구멍을 얽어 막고 풀을 가져다 집을 보수하는 수준의 임시방편이었다. 그러니 정욕의 뿌리를 뽑을 수 없었고 이욕의 근원을 막지 못했다. 그 형세는 마치 범람하는 하천에 둑을 막는 것 같아서, 언젠가는 무너지고 터지고 말 것을 성인은 이미 알고 있었다.

중국의 전설적인 삼황오제가 다스리던 시대를 다루고 있다. 여기서 삼황이란 중국의 전설적인 시조로 일반적으로 복희씨·신농씨·수인씨를 말하며, 오제란 황제·전욱(顓頊)·제곡(帝嚳)·요·순을 일컫는다. 유교를 비롯해 전통적인 관점에서는 전설적인 제왕들이 다스리던 삼황오제 시대야말로 이상적인 사회였다고 본다. 그래서 중국의 기본적인 집과 생활 물품뿐만 아니라 예악과 제도, 법도 등을 이 시대에 만들었다고 말한다.

홍대용 역시 전통적인 관점에 따른 삼황오제의 공덕에는 동의하나 성인들이 예악이나 제도를 만든 것은 형화 이후 인간의 욕심과 정욕을 억제할 수 없어서 임시방편으로 만든 것이라고 본다. 그러니까 삼황오제 시대의 예악과 제도는 이상적인 것이 아니라 그 시대의 흐름에 맞게 융통성을 발휘해서 만든 불가피한 제도일 뿐이라고 주장한다. 이렇게 보면 성인의 예법도 시대 상황에 따라 얼마든지 바뀔 수 있다는 것이며, 그것을 금과옥조(金科玉條, 소중히 여기고 지켜야 할 규칙이나 교훈)로 여길 필요가 없다는 말이기도 하다.

이러한 생각은 조선 후기에 극심했던 예송(禮訟) 논쟁을 나름대로 비판하기 위한 것으로 보인다. 홍대용이 살던 시대 바로 직전 시대에 벌였던 예송 논쟁은 지금 생각해 보면 어이없을 정도로 사소한 장례 기간이나 절차에 대한 의견 차이에서 벌인 소모적인 논쟁이었다. 그러나 그 논쟁의 원인은 예법 자체보다는 상대 당파를 몰아내고 정권을 지키거나 잡기 위한 것이었다. 그러니 예송 논쟁은 당파의 사활(死活)을 건 투쟁이었고, 이 논쟁에서 진다는 것은 바로 정치적인 패배만이 아니라 목숨까지 내놓아야 하는 절체절명(絕體絕命, 궁지에 몰려 살아날 길 없는 막다른 처지)의 일이었다. 예송 논쟁이 휩쓸고 간 바로 다음 시대에 태어난 홍대용은 예송 논쟁 당시에 근거로 삼았던 성인의 예법조차 절대적인 것이 아닌데 이런 논쟁을 벌이는 것은 더욱 어리석은 일이 아니겠냐고 되묻고 싶었을 것이다. 더구나 홍대용은 설사 성인의 예법이라 해도 예법으로는 인간의 욕망을 근원적으로 막지 못하는 법이라고 강하게 비판한다.

4 중국 역대 왕조의 역사

실옹: 하나라를 세운 우임금이 임금 자리를 아들에게 물려주자, 백
성들이 비로소 자기 가문의 사업을 사적인 것으로 소유했다.
은나라의 탕왕과 주나라의 무왕이 하나라의 걸왕과 은나라의
주왕을 쫓아내고 죽이자, 백성들이 자신의 윗사람을 비로소
범했다. 이런 일이 일어난 것은 여러 군주의 잘못이 아니다.
그것은 지극히 잘 다스려진 다음에는 점차 쇠퇴하고 혼란해지
는 것이 시대의 형세이기에 그러한 것이다.

하나라는 문물이 참되고 상(은)나라는 꾸민 데 없이 수수한데,
요순시대에 비교하면 이미 꾸민 것이었다. 융성한 시기의 주
나라 제도는 오로지 사치스럽고 화려한 것을 숭상했는데, 4대
소왕(昭王)과 5대 목왕(穆王) 이후에는 천자의 기강이 먹혀들지
않아 정사는 여러 제후의 손에 들어갔다. 주나라 왕실은 다만
빈껍데기만 끌어안고 명분상으로만 왕으로 빌붙어 살았는데,
10대 여왕(厲王)과 마지막 왕인 12대 유왕(幽王)이 나라를 망치
기를 기다릴 것도 없이 천하에는 주나라가 없어진 지 오래되
었다.

〔천문을 관측하며 노닐려고 문왕이 세운 누대인〕 영대(靈臺)

와 〔왕실과 귀족 자녀들을 위해 만든 교육 기관인〕 벽옹(辟雍)
은 놀기 위해 보기 좋게 꾸민 곳이요, 구정(九鼎, 세 발 달린 9개
의 솥으로 황제를 상징하는 보물)과 천구(天球, 옥으로 만든 악기인 편
경으로 구정과 함께 황제를 상징하는 보물)는 보배로운 물건으로 간
직되었다. 옥으로 꾸민 수레와 붉은 면류관은 복식과 탈것의
사치요, 아홉 명의 빈(嬪, 후궁)과 시중드는 어처(御妻, 왕을 시중
들며 모시는 첩)는 여색을 좋아하는 잇속에서 나온 것이다. 그러
니 낙읍(洛邑, 동주東周 시기의 수도)과 호경(鎬京, 무왕이 정한 서주
西周의 도읍지)은 토목 공사로 번다했는데, 저 진나라의 시황제
와 한나라의 무제도 그것을 물려받은 게 있었다.

또 주나라는 미자(微子, 은나라 주왕의 이복형으로 의인)와 기자(箕
子, 주왕의 숙부로 덕망이 높았음)를 버리고 무경(武庚, 은나라 주왕
의 아들 '녹보'로 어리석었음)에게 왕위를 잇게 해 은나라의 도가
다시 일어나지 못하게 막았으니 주나라의 숨은 뜻을 어찌 숨
길 수 있었겠는가? 어린 성왕이 처음 자리에 올랐을 때 관숙
(管叔, 성왕의 숙부)과 채숙(蔡叔, 성왕의 숙부)이 반란을 일으키자
주공(周公, 성왕의 숙부. 성왕을 대신해 나라를 다스림)은 3년 동안
동쪽 지역을 정벌하느라 창과 도끼가 다 부서졌고 여덟 번이
나 사람들에게 훈계했으나 완고하고 사악한 백성들은 〔마지못
해〕 가시 돋친 듯 따랐으니, 주나라가 하늘의 명령을 받아 은

나라를 이었다고는 하나 천하를 이로운 것으로 보고 탐하는 마음이 없었다고 할 수 있겠는가? 공자가 순임금을 찬미해 덕으로는 성인이라 여겼으나 무왕(은나라를 멸망시키고 주나라를 황제국으로 만든 왕)에 대해서는 "천하의 아름다운 이름을 잃지 않았다."고 하고, 태백(泰伯, 주나라 태왕의 장자)에 대해서는 지극한 덕이라고 칭송했으나 또 무왕을 설명할 때는 "선을 다하지 못했다."고 했으니 공자의 뜻을 크게 알아볼 수 있다.

주나라 이후 왕도(王道, 덕으로 다스리는 통치 행위)는 날로 상실되고 패도(覇道, 덕을 핑계로 내세워 무력으로 다스리는 것)의 술수가 천하에 횡행했다. 인(仁)을 겉으로만 빌리는 자가 황제가 되고, 군사를 이용해 힘이 센 자는 왕이 되며, 모략을 잘 쓰는 자는 존귀해지고 아첨을 잘하는 자는 영화로워졌다. 임금이 신하를 부릴 때는 녹봉과 총애로 속이고, 신하가 임금을 섬길 때는 권모술수로 꾄다. 반쪽 얼굴만 알고도 서로 뜻이 맞아 약속하면서도 다른 한쪽 눈으로는 근심과 재난을 막기 위해 대비하니, 아래위가 서로 대립하고 견제하면서 모두 그 사사로움을 이룬다. 아아! 슬프게도 천하가 온통 이익을 품고 서로 관계하게 되었다.

비용을 검소하게 쓰고 조세를 덜어 주는 것은 백성을 위한 것이 아니었으며, 어진 사람을 높이고 능력 있는 사람을 등용하는 것은 나라를 위한 것이 아니었다. 배반한 자를 토벌하고 죄 있는 자를 치는 것은 난폭함을 금하기 위함이 아니었고, 왕이 제후들에게 내리는 하사품은 후하게 주고 제후들로부터 공물과 진상품은 박하게 받는 모습을 보이며 먼 곳에서 온 물건을 보배롭게 여기지 않음은 멀리 있는 나라를 회유하기 위함이 아니었다. 오로지 물려받은 자리를 지키고 보전하며 죽을 때까지 존귀하고 영화롭게 살면서 대대로 무궁하게 전하려 한다. 이것이 이른바 어진 군주가 잘하는 일이요 충신의 아름다운 계책이다.

누가 말하기를 "나무와 돌의 재앙은 집 짓는 법을 가르친 유소씨(有巢氏, 옛날 집 짓는 법을 가르쳐 주었다는 전설상의 제왕)로부터 비롯하고, 새와 짐승의 화는 사냥을 가르친 포희씨(包犧氏, 전설상의 제왕인 복희씨)로부터 시작되었다고 한다. 기근의 근심은 불로 익혀 먹는 법을 가르친 수인씨(燧人氏, 복희씨·신농씨와 함께 삼황 가운데 한 사람으로 일컬어지는 인물)로부터 말미암았고, 교묘하게 속이는 꾀와 화려하고 사치스러운 습속은 창힐(蒼頡, 새의 발자국을 보고 한자를 만들었다는 인물)에게서 비롯되었다."고 한다.

유자(儒者)들이 입는 도포의 위용이 미개한 오랑캐가 입는 왼쪽 섶으로 여미는 옷의 간편함보다 못하고, 두 손을 공손하게 맞잡고 읍하는 허례는 (오랑캐의) 합장한 손을 이마에 대고 땅에 엎드려 하는 절의 진솔함만 못하다. 빈말뿐인 문장은 (오랑캐가) 말 타고 활 쏘는 실용보다 못하고, 따뜻한 옷과 불로 익혀 먹는 음식은 몸과 뼈를 연약하게 만드니 취막(毳幕, 모직으로 만든 유목민의 이동식 천막)에 살면서 짐승의 진한 젖을 먹어 근육과 혈맥이 굳세고 세찬 것보다 못하다. 이는 혹시 지나치고 심한 말일지는 모르나 중국이 떨쳐 일어나지 못하는 유래가 점차로 여기에 있었다.

혼돈(混沌, 《장자》에 나오며 우주의 태초 상태를 말함)에 구멍이 뚫리면서 옛날의 수수함이 사라졌고, 문치(文治)가 흥하면서 무력이 쇠퇴했다. 각 지역에 사는 처사들이 제멋대로 자기주장을 펼치자 주나라의 도는 나날이 오그라들었다. 진시황의 분서갱유(焚書坑儒, 각종 책을 불사르고 유학자들을 죽여서 묻었던 일) 이후 한나라의 왕업(王業, 왕이 나라를 다스리는 일)이 조금 안정되자 금문(今文, 현재의 문장)과 고문(古文, 옛날의 문장)의 차이에 따른 경학(經學, 오경 중심의 유교 경전을 연구하는 학문) 논쟁이 벌어졌고, 전한 말기에 왕망(王莽)이 신나라를 세워 황제의 자리를 빼앗았으며, 유학자 정현(鄭玄)과 마융(馬融)이 경전에 주석을 달아 설명했으나 위·촉·오 삼국으로 분열되었고, 진(晉)나라가 청담(淸談, 세속적 가치를 떠난 맑고 깨끗한 담론이라는 뜻으로 위·진 시대에 유행한 노장 계열의 학술)을 일삼자 중국이 외적에게 망하고 말았다.

오(吳)·동진(東晉)·송(宋)·제(齊)·양(梁)·진(陳)의 여섯 왕조(남북조 시대의 남조를 말함)가 장강(長江, 양쯔 강) 왼쪽에 빌붙어 연명하는 동안 흉노(匈奴)·갈(羯)·선비(鮮卑)·저(氐)·강(羌)의 다섯 오랑캐(5호)가 옛 도읍지를 짓밟았고, 북위의 탁발씨(拓跋氏)가 북조의 주인이 되었다. 서량(西凉, 5호 16국의 한 왕조)은 당나라에 의해 복속되었고, 요나라와 금나라가 번갈아 주인이 되었다가 몽골에 의해 병합되었다. 명나라의 주씨(朱氏, 명나라 태조 주원장의 성씨)가 나라를 잃어 천하는 청나라 사람들이 하는 변발(만주족의 머리 모양)을 하게 되었다. 무릇 한족이 겨루지 못하자 청나라 오랑캐의 운수가 날로 장성하니 이는 인간의 일이 감응해서 불러온 것이자 필연적인 것이다.

하 → 은(상) → 주(서주와 동주, 즉 춘추 전국) → 진 → 한(왕망의 신과 삼국) → 진(서진과 동진) → 5호 16국과 남북국 → 수 → 당 → 5대 10국 → 송과 요·금 → 원 → 명 → 청으로 이어지는 중국의 역사를 간략하게 개괄하고 있다. 그러면서 중국의 역사가 마지막에 오랑캐인 청나라로 넘어간 것도 중국 민족의 흥망성쇠에 따른 결과일 뿐 결코 화이론의 명분을 앞세워 비판할 것이 아니라는 입장을 보인다.

사실 공자는 중국 고대 시대의 역사 가운데 주나라의 예악과 제도를 이상적인 것으로 보아 《주례》를 높였다. 이후 유교 국가이던 조선에서도 공자를 따라 주공이 완성한 서주 시기의 문물과 하·은·주 삼대의 문물이 가장 이상적이라고 생각했다. 그런데 홍대용은 그런 생각에 일침을 놓는다. 특히 주나라 역시 이상적인 나라가 아닐 뿐만 아니라 천명에 따라 은나라를 이었다고 주장하지만 사실은 빼앗은 것이며, 백성을 위한다고는 하지만 숨은 의도는 왕실이 영화를 누리는 것일 뿐이라고 말한다. 더구나 주나라 역사를 보면 왕실이 권위를 갖고 다스리던 안정적인 시기는 거의 없고 제후들에 휘둘려 혼란과 전쟁에 휩싸인 시기가 대부분인데, 그런 나라가 어떻게 예악의 모범적인 국가이겠느냐고 반문한다.

또한 한족이 세운 명나라가 유목민이던 청나라에게 망한 것은 이미 중국의 문물이 쇠퇴해 그럴 수밖에 없는 시대 상황 때문에 그런 것이라면서, 화이론을 내세워 청나라를 멸시하던 당시 조선 지배층의 태도를 은근하게 꼬집는다. 중화라 높이던 중국도 따지고 보면 태곳적 세상만 빼면 모두 혼탁한 역사라는 것이다. 여기서 옛날 중국의 삼황오제 시대를 본받아야 할 최고의 모델로 보는 우물 안 개구리 같은 사고를 벗어나 각 나라가 주체가 되고 합리적인 사고에 바탕을 둔 살기 좋은 세상을 만들어야 한다는 홍대용의 비판적인 역사 인식을 읽을 수 있다.

5 화이론의 극복과 역외 춘추론

허자: 공자께서 《춘추》를 지어 중국을 안으로 삼고 〔동이(東夷)·서
융(西戎)·남만(南蠻)·북적(北狄)의〕 네 오랑캐를 밖으로 삼았습
니다. 무릇 화(華, 중국)와 이(夷, 오랑캐)의 구분이 이같이 엄격
한데, 지금 선생께서 오랑캐의 운수가 장성한 것을 인간들이
스스로 불러온 것이자 필연적인 일로 돌리는 것은 잘못이 아
닙니까?

실옹: 하늘이 낳고 땅이 길러 주며 무릇 혈기가 있는 것은 모두 인
간이다. 무리에서 빼어나 한 지방을 다스리는 것은 모두 군왕
이다. 여러 겹의 문과 깊은 해자(垓字, 방어를 위해 성 주위에 둘러
판 연못)로 봉토(封土, 천자에게 하사받은 땅)를 정성껏 지키는 것
은 모두 이런 나라들이다. 장보(章甫, 은나라 때 머리에 쓰던 관)나
위모(委貌, 주나라 때 머리에 쓰던 관)를 쓰는 것이나 문신을 새기
고 이마에 그림을 새기는 것도 모두 습속이다. 하늘에서 보면
어찌 안과 밖의 구분이 있겠는가? 그러므로 각자 자기 나라
사람하고 친하고 제각기 자기 임금을 높이고 저마다 자기 나
라를 지키며 각기 자기 습속에 편안한 것은 중국이나 오랑캐
나 똑같다.

무릇 천지가 변하면서 인간과 만물이 번성하고, 인간과 만물이 번성하니 남과 사물이라는 대상과 나(我)라는 주체가 드러나고, 대상과 주체가 드러나니 안과 밖이 나뉘었다. 오장육부와 팔다리나 뼈마디의 관계는 한 몸의 안과 밖이요, 자기 한 몸과 아내와 자식의 관계는 한 집의 안과 밖이며, 형제와 종족의 관계는 한 가문의 안과 밖이요, 이웃 마을과 사방 변두리의 관계는 한 나라의 안과 밖이며, 같은 법도로 통일된 나라와 교화가 미치지 못하는 먼 나라의 관계는 천지의 안과 밖이다.

무릇 자기 소유가 아니면서 취하는 것을 도(盜)라고 말하며, 죄가 없는데도 죽이는 것을 적(賊)이라고 말한다. 사방의 오랑캐가 국경을 침범하면 중국에서는 [그들을] 구(寇)라고 말하며, 중국이 무력을 함부로 쓰면 사방의 오랑캐는 [중국을] 적(賊)이라 부르니, 서로 구(寇)니 적(賊)이니 말하나 그 뜻은 매한가지다.

공자는 주나라 사람이다. 주나라 왕실이 날로 비천해지고 제후들도 쇠약해져 오나라와 초나라가 황하 유역인 중원을 어지럽히며 침략하고 해치는 일이 끊이지 않았다. 《춘추》는 주나라 책이니 안과 밖을 엄격하게 구분한 것 또한 마땅하지 않은가? 비록 그러하나 공자가 만일 뗏목을 타고 바다에 나아가 아홉 오랑캐 땅에 가서 살았더라면 중국의 문물로 오랑캐를 변화시켜 주나라의 도를 중국 밖에서 일으켰을 것이다. 그러므로 안과 밖의 구분과 존왕양이(尊王攘夷, 여기서는 왕실을 높이고 외적을 물리친다는 의미)의 뜻으로 스스로 마땅히 중국 바깥〔域外〕의 《춘추》를 썼을 것이다. 이것이 공자가 성인이 된 까닭이다.

허자와 실옹의 대화인 《의산문답》은 여기서 그 마지막을 장식한다. 그러면 화이론의 극복과 역외 춘추론을 주장하는 이 글의 내용이 홍대용의 결론이자 《의산문답》의 핵심적인 사상이라고 할 수 있을까?

지금 우리의 상식으로는 홍대용의 말이 크게 와 닿지 않지만, 당시 조선 사회의 분위기로 볼 때는 매우 혁명적인 발언이었다. 병자호란으로 청나라에 항복한 조선의 지배층은 자신들의 부끄러움을 감추기 위해 임진왜란 때 조선을 도왔으나 망해 없어진 명나라를 받들고, 청나라를 치자는 '북벌론'을 내세운다. 하지만 이 주장은 효종이 죽자 바로 폐기될 정도로 비현실적인 명분론에 불과했다. 그런데도 명분론에 집착하던 당시의 집권층은 한 걸음 더 나아가 한족이 세운 명나라가 오랑캐인 청나라에 의해 멸망했으니, 이제 그 중화를 대표하는 문명은 조선에 있다는 소중화(小中華) 의식에 사로잡혀 자신들의 논리적인 방어벽을 친다. 그리고 그 이론의 근거로 붙잡은 학문이 바로 주자 성리학이었다.

이렇듯 병자호란 이후 주자 성리학에 근거한 명분을 앞세워 사상과 이념을 통제해 온 것이 조선 후기 지배층의 사고였다. 그 과정에서 주자 성리학과 조금이라도 다른 주장을 하면 사문난적으로 몰려 죽임까지 당하는 등 독단적인 학문 태도로 사상의 통제는 심각했다. 이런 상황을 이해하면 중국이나 오랑캐가 똑같다는 홍대용의 선언이 당시로서는 얼마나 혁명적인 발언이었는지 금방 알 수 있다. 더구나 오랑캐인 청나라나 서양을 통해서도 배울 것은 배워야 한다는 논리는 아주 위험한 것이었다.

하지만 홍대용은 중국이나 오랑캐나 같다고 하면서 모든 나라는 스스로 세계의 중심이 될 수 있다는 자주적인 세계관을 당당하게 내세운다. 그리고 그런 주장의 논리적 근거로 서양의 자연 과학적인 지식들을 제시한다. 이는 당시 조선 지배층이 가진 세계관이나 역사관을 뒤집어 자주적인 개혁을 바라는 홍대용의 의도였다.

여기서 만일 공자가 오랑캐 땅에 가서 살았더라도 모국 문화 중심의 《춘추》를 지었을 것이라고 주장하는 '역외 춘추론(域外春秋論)'도 나온다. 이런 생각은 기존의 성리학적 세계관을 가지고는 도저히 나올 수 없는 발상이다. 오직 세계에 대한 객관적이고 합리적인 사고, 즉 지구가 둥글며 어느 나라나 자기 나라를 중심으로 삼는다는 상대적인 세계관을 지녀야 나올 수 있는 생각이다. 이렇듯 홍대용은 새로운 문물이나 지식을 받아들여 기존의 지식과 융합하고 재해석해서 세계

와 인간의 문제를 새로이 정리하고자 했는데, 그런 치열한 고민의 흔
적이 바로 이 《의산문답》이라 하겠다.

《의산문답》, 모두가 세상의 중심이라는 생각

1. 홍대용의 생애와 시대적 배경

홍대용(洪大容, 1731~1783)이 살았던 18세기 중반은 조선 후기 영조와 정조 임금이 다스리던 시대였다. 이 시기는 조선 중기 이후 혼란스럽던 상황에서 벗어나 비교적 안정을 누리던 때였다. 불과 한 세기 전만 하더라도 임진왜란과 병자호란의 후유증으로 국가 경제는 피폐하고 백성들의 삶은 도탄에 빠져 있었다. 정치 또한 안정을 누리지 못했다. 집권한 서인과 그 후예인 노론은 인조반정의 명분을 확고히 하고, 또 반정 과정에서 생긴 혼란을 잠재우기 위해 왜란과 호란 이후 무너진 예법을 강화하고 사상을 통제해 나라의 질서를 바로잡으려고 했다. 그 결과 예법을 이론적으로 뒷받침하던 주자 성리학과 조금이라도 다른 학문적인 견해를 내는 사람이 있으면, 관직 진출을 막는 것은 물론 사회에서 매장시켰다.

한편 이 시기 청나라에서는 새로운 변화가 일어나기 시작했다. 명나라 때부터 예수회 선교사들에 의해 전파된 서양 문물의 영향을 받았기 때문이다. 서양은 15세기부터 대항해 시대를 열어 세계 곳곳을 누비며 지리상의 발견을 이루고 있었다. 그들은 이렇게 해서 세계 각지로부터 자원을 약탈해 갔을 뿐만 아니라, 선교사를 앞세워 종교를 전파함과 동시에 해외의 각종 정보를 유럽으로 가져갔다.

이렇게 세계로 진출하던 서양 각국은 17세기 초부터 명나라에도 접근했는데, 이때 앞장서서 들어온 선교사들은 종교만이 아니라 르네상스 시기의 서양 과학과 문물도 함께 전파했다. 그들은 중국인의 도움을 받아 한문으로 된 서적을 출판하기도 했는데, 중국 천주교 신자들 가운데도 이런 서양의 문물에 관한 책을 펴낸 사람이 많았다. 물론 이 서적과 문물들은 조선까지 전래된 것도 있었다.

홍대용은 이렇게 서양 문물이 중국에 전파되기 시작한 17세기보다 약 한 세기 뒤에 태어난 인물이다. 그는 호가 담헌(湛軒)이며 자는 덕보(德保)로 1731년, 그러니까 영조 7년에 지금의 충청남도 천안시 수신면 장산리 수촌 마을에서 태어났다. 아버지는 홍역(洪櫟, 1708~1767)으로 서산 군수를 지낸 적이 있었으며, 할아버지 홍용조(洪龍祚, 1686~1741)는 대사간과 충청 감사를 지냈다.

그는 12세(1742년)가 되자 당시 대학자로 알려진 김원행(金元行, 1702~1772)이 학생들을 가르치던 석실 서원에 가서 오랫동안 공부했다. 김원행은 홍대용의 당고모부(아버지의 사촌 누이의 남편)로 과거를 포기하고 학문과 가르치는 일에만 전념한 그 시대에 이름난 주자 성리학자였다.

홍대용은 35세까지 이 석실 서원을 오가며 공부했다. 석실 서원은 경기도 남양주에 있던 서원으로, 청나라를 배척하는 척화론자이자 북벌론의 이념적 대표였던 김상헌(金尙憲, 1570~1652)의 학덕과 충절을 기리기 위해 세운 서원이었다. 홍대용의 스승인 김원행은 김상헌의 후손으로 여기서 학문을 수학했고, 당대 기호 노론의 대표적인 유학자가 되었다. 그 때문에 홍대용은 유학, 곧 주자 성리학에서는 당시 최고의 학문을 습득할 기회를 가졌다. 게다가 홍대용의 집안도 당시 정권을 잡았던 기호 노론계로서 대대로 벼슬에 올랐던 가문이었다. 특히 5대조 홍진도(洪振道)는 인조와 이종사촌이며 인조반정의 주도적인 인물 가운데 한 사람으로 반정이 성공하자 정사공신(靖社功臣)이 되었고, 영의정에 증직되기도 했다. 그러니 마음만 먹으면 크게 출세할 수 있는 조건이 다 갖추어진 편이었다. 그러나 그가 과거 시험을 보기 위해 크게 노력했다는 기록은 보이지 않는다. 과거를 위한 학문보다는 오히려 천문학, 수학, 음악, 병법 등에 관심이 더 많았다.

더구나 서원에 다니던 17세 때 혼인을 하고, 24세가 되자 이 석실 서원에서 비로소 학생들에게 《소학》을 강론하는 등 학자로서의 삶을 지향했다. 1년 뒤에는 실학자이자 문학가로서 훗날 《열하일기》·《양반전》·《허생전》 등의 작품을 남긴 박지원(朴趾源)과 사귀었다. 또 그를 통해 젊은 후배들인 이덕무(李德懋), 박제가(朴齊家), 유득공(柳得恭) 등과도 사귀었다. 이들은 모두 뒷날 북학파로 분류되는 실학자들로 성리학보다는 실용적인 학문 연구에 더욱 주력하던 사람들이다. 이런 상황으로 볼 때 아마도 그의 마음에 주자 성리학만 고집하지 않는 태도의 변화가 인 것은 이런 사람들과 사귀면서 시작된 것이 아닌가 짐작된다. 잘 알다시피 박지원과 젊은 후배들은 현실을 비판적으로 바라보던 인물들이 아니던가? 특히 이덕무, 박제가, 유득공 등은 서얼 출신으로 과거조차 볼 수 없던 처지이니 현실에 불만이 많았던 인물들이기도 했다. 박지원 또한 그의 소설을 통해 당시 현실을 신랄하게 풍자하지 않았던가?

그 밖에 그가 사귄 사람으로는 스승 김원행의 아들인 김이안(金履安)과 황윤석(黃胤錫), 정철조(鄭喆祚) 등 기존의 성리학자들도 있었다. 그런데 이런 교우 관계 외에도 특별한 사람이 한둘 더 있었다. 28세 때 부친 홍역이 전라도 나주 목사가 되었는데, 그때 부임지를 따라가 만난 전남 화순의 실학자 나경적(羅景績)이 대표적인 인물이었다. 그는 당시 일흔이 넘은 기술자로, 이미 자명종을 만들어 놓았다. 이에 자극을 받은 홍대용은 나경적의 제자이던 나주 사람 안처인(安處

仁)의 도움을 받아 혼천의(천체의 운행과 위치를 관측하던 기구)와 자명종을 제작하기도 했다. 그리고 얼마 뒤인 32세 때는 고향 집 연못가에 '농수각(籠水閣)'이라는 건물을 짓고 혼천의와 자명종 등 몇 가지 천문 관측기구를 제작해 보관하기도 했다. 요즘 말로 하자면 개인 천문대였던 것이다. 이렇게 자연 과학에 대한 그의 열정은 그칠 줄 몰랐다.

그러다가 35세 때 뜻밖에도 천재일우의 기회가 생겼다. 바로 숙부인 홍억(洪檍)이 중국 사신으로 가게 되자 수행 군관 자격으로 북경에 간 일이 그것이다. 그는 왕성한 호기심으로 북경에 있는 여러 문물 등을 둘러보았다. 그 과정에서 여러 중국 학자와 인사들을 만나 대화도 나누고 교류했으며 서양 선교사들도 만나 보았다.

이런 학자들 가운데 그가 깊이 사귄 사람들로는 중국 항주에서 온 엄성(嚴誠), 반정균(潘庭筠), 육비(陸飛) 등의 선비가 있었다. 홍대용은 중국에서 돌아온 뒤에도 사신 일행을 통해 이들에게 편지를 보내며 우정을 나누었고, 중국을 방문하는 후배 선비들을 이들에게 소개해 주기도 했다.

그런데 홍대용이 북경에서 무엇보다 관심을 가졌던 곳은 흠천감이라는 천문대와 선교사들이 거주하는 천주당(천주 교회)이었다. 당시 청나라에서는 서양의 과학 능력을 인정해 천문대(흠천감)의 대장과 부대장을 이들 선교사들에게 맡겼다. 홍대용은 천주당을 찾아가 흠천감의 최고 책임자인 유고슬라비아 출신의 선교사 할러슈타인(劉松齡)과

흠천감의 부책임자인 독일 출신의 선교사 고가이슬(鮑友管)을 만난다. 그는 이들에게 서양 과학과 기술 그리고 기독교 등에 대해 물어보고 천문대를 구경할 기회를 가졌다. 그는 네 차례나 천주당을 방문해 파이프 오르간을 쳐 보기도 했으며, 자명종(대형 벽시계)과 뇨종(작은 시계, 지금의 자명종)과 나침반을 구경하고, 망원경을 통해 태양을 관측하기도 했다. 그러나 의사소통의 한계로 이들과 깊이 있는 대화를 나누지는 못했다고 한다. 그래서 그들 대신 중국인 출신의 기독교인들과 자세한 대화를 나누어 그의 과학적인 호기심을 풀기도 한다.

뒤에 홍대용은 귀국하자마자 여기서 보고 들은 것을 글로 써 한자로 된 《연기(燕記)》와 한글로 된 《을병연행록(乙丙燕行錄)》이란 여행기를 남겼고, 중국 선비들과 대화한 기록을 남겨 〈건정동회우록(乾淨衕會友錄)〉이라 불렀다. 이렇게 북경 여행은 그의 생각과 관점이 확 바뀌는 소중한 경험이었다.

한편 중국에서 귀국한 이듬해인 37세 때 부친 홍역이 세상을 떠나 홍대용은 삼년상을 치르게 된다. 그리고 삼년상이 끝난 40세 때는 금강산으로 여행을 다녀오기도 했다. 이처럼 그는 귀국한 뒤 3, 4년 동안 여행기를 쓰고 부친의 삼년상을 치르는 등 여러 일로 바빴기 때문에 《의산문답》은 금강산을 여행한 후에 쓴 것으로 추정된다. 왜냐하면 그의 여행기를 보면 그는 중국 여행 기간에 허자와 비슷한 모습을 보이기도 했고, 또 이 책에 등장하는 서양의 천문학이나 여러 과학 지식을 보면 여행 기록에는 나오지 않는 내용들이 많이 보이기 때문이다. 아마도 이 여행에서 보고 들은 것만이 아니라 서학과 관계된 책도 구입해서 읽지 않았나 생각된다. 혹은 그의 말년에 썼다는 의견도 있다.

그러다가 뜻밖에도 그에게 관직에 나아갈 수 있는 기회가 찾아왔다. 그가 44세 되던 해인 1774년 조상이 벼슬을 하면 그 자녀에게도 벼슬을 내리는 음서 제도에 따라 관직이 내려진 것이다. 비록 종9품 선공감 감역(건설, 토목 등을 담당한 관청의 가장 낮은 직책)이지만 그는 마다하지 않고 이를 받아들였다. 이제까지 벼슬길에 오르지 않았던 그가 이를 받아들인 이유는 아마도 자신의 학문에 대해 어느 정도 자신감을 얻어서 이를 실현하고 싶었던 것이 아닐까 추측된다. 물론 부친이 사망한 뒤 가족을 부양해야 한다는 가장으로서의 의무감도 있었을 것이다.

그리고 얼마 뒤 당시 세손이던 정조에게 공부를 가르치는 동궁 시강 자리로 옮겼다. 46세 때는 영조가 죽고 정조가 즉위하면서 사헌부 감찰이 되었고, 다음 해에는 전라도 태인 현감을 거쳐 2년 뒤 경상도 영천 군수가 되었다. 그러다가 1783년 53세 때 모친의 병을 구실로 벼슬을 그만두고 집으로 돌아왔으나, 안타깝게도 중풍으로 쓰러져 세상을 떠나고 말았다.

그가 죽은 뒤 그의 저술을 모아 문집을 만들었으며, 그의 호를 따

《담헌서(湛軒書)》라 이름 지었다. 거기에는 이 《의산문답》을 비롯해 북경 여행기인 《담헌연기(湛軒燕記)》와 국가 경영에 관해 분야별로 자세하게 다룬 《임하경륜(林下經綸)》, 유학의 주요 경전인 사서(四書, 《대학》·《중용》·《논어》·《맹자》)에 대한 질문과 답변을 다루면서 주자의 해석을 반박한 내용이 들어 있는 《사서문의(四書問疑)》, 삼경에 대한 독자적인 해석을 밝힌 《삼경문변(三經問辨)》, 수학·음악·지리·천문 등에 관한 백과사전식 내용을 담은 《주해수용(籌解需用)》 등이 들어 있다. 그 밖에 한글로 된 중국 여행기인 《을병연행록》이 남아 있다.

2. 《의산문답》은 어떤 책인가?

《의산문답》은 그의 저서 가운데 유일한 소설로 홍대용의 생각을 가장 독창적으로 드러낸 책이다. 이 책은 한자 1만 2천12자로 이루어져 있으며, 현재 《담헌서》〈내집(內集)〉의 '보유(補遺)'에 들어 있다.

앞에서도 말했지만 홍대용이 이 책을 언제 썼는지는 아직 밝혀진 바가 없다. 그러나 책에 허자가 중국을 여행한 이야기라든가 당시 유학자들의 위선적인 태도를 비판하고 서양 과학 지식에 관한 내용이 많이 나오는 것을 보면, 분명 그가 중국 북경에 갔다가 귀국한 1766년 이후에 썼을 것으로 추정된다. 그런데 귀국하자마자 여행 기록인 《연기》나 《을병연행록》 등을 쓰느라 시간이 걸렸을 테고, 1767년에는 부친상을 당해 삼년상을 치렀으므로 적어도 《의산문답》은 그 뒤에 쓰였을 것으로 추정된다. 또 《의산문답》은 《연기》에 등장하는 내용보다 훨씬 전통적인 사상에서 벗어나 있기 때문에 그보다 뒤에 저술했을 것이라고도 추정한다. 당연하지만 그가 몸담았던 기존 학문을 비판하면서 서학을 수용하는 데는 꽤 긴 반성과 숙고의 기간이 필요했을 것으로 보이며, 중국 여행에서 직접 보거나 들을 수 없었던 과학 이론 등은 훗날 서학 서적을 통해 알았을 가능성이 있어서다. 아무튼 그 기간이 짧든 길든 《의산문답》은 중국 여행 뒤에 쓴 것이 확실하다고 하겠다.

그러면 《의산문답》의 주제는 무엇일까? 물론 관점에 따라 이것 또한 여러 가지로 해석될 수 있다. 하지만 간단하게 정리하자면 당시 조선의 주자 성리학자들처럼 우물 안 개구리로 고루하고 독선적이며 편협한 세계에 갇혀 있지 말고 다른 학문, 특히 서양의 자연 과학에 대한 지식 등을 널리 받아들여 열린 학문 태도를 갖자는 것이다. 그리고 자연 과학적인 사실에 따르면 지구가 둥글 듯이 지구 상에 정해진 중심이란 없으며 모든 국가나 민족은 자신을 기준으로 삼으면 중심일 수 있으니, 중국과 오랑캐로 나누는 화이론은 잘못된 이론이고 우리 민족도 이제는 주체적으로 자신의 개혁과 발전을 꾀해야 한다는 것이다.

물론 《의산문답》에는 이런 주제 말고도 다양한 자연 과학적 지식과 이론이 제시되었으며, 전통적인 사상이나 이론에 대한 비판이 들어 있다. 그런 자연 과학 이론의 가장 대표적인 예가 그가 독창적으로 주장한 지전설, 즉 지구 자전설과 무한 우주설, 수정된 사행설 등이며, 전통적인 사상이나 이론에 대한 비판은 음양론이나 오행론 비판, 풍수지리설과 점성술에 대한 비판 등이다. 이런 점으로 판단하면 이 책은 자연 과학의 진실을 옹호하고 미신적이거나 비합리적인 사고와 결합된 전통 사상을 비판하는 데 그 초점이 있다고도 해석할 수 있다. 그러나 책의 내용을 면밀하게 살펴보면 그가 비판의 대상으로 삼고자 했던 대상이 사실은 조선 후기의 지배적인 이념이었던 주자 성리학적 세계관이라는 점이 명백하다. 특히 홍대용은 주자 성리학이 일종의 학문적 도그마(독단적인 신념이나 학문)가 되어 다른 이론이나 입장을 전혀 받아들이지 않았던 점에 강한 불만을 품고 있었다. 그래서 먼저 이런 세계관의 전환, 즉 일방적이고 절대적인 세계관에서 벗어나 서양 과학 같은 다른 학문을 이해하고 받아들이는 인식의 전환이 필요하다고 보았다.

물론 《의산문답》에 나오는 내용을 보면 홍대용이 단순하게 서양 이론을 있는 그대로 수용한 것이 아니라는 점을 알 수 있다. 어찌 보면 그는 과거부터 배운 전통 학문의 자세나 태도를 어느 정도는 유지하면서 서양 학문을 받아들이려고 했다. 말하자면 자신의 주체적인 사고를 바탕으로 새로운 학문을 받아들이고, 나아가 그것의 객관적인 진실 여부를 검증하려고 했다. 실로 과학적이고 합리적인 자세였던 셈이다. 이 점은 특히 그가 혼천의나 자명종 같은 기구를 만드는 등 실용적인 자세로 학문을 대했기 때문에 그런 것으로 보인다. 어쨌든 《의산문답》에는 전통적인 동양의 사상 및 이론과 서양의 자연 과학 이론이 홍대용 특유의 관점으로 종합되어 있다.

그러면 이제 이 책에 등장하고 그가 섭렵했던 주요한 사상이나 이론에는 어떤 것들이 있는지 살펴보기로 하자. 그렇게 하면 홍대용이 생각한 바가 보다 명료해질 것이다.

가장 먼저 들 수 있는 것은 그가 어릴 때부터 배웠고, 당시까지도 조선의 대다수 선비들이 믿던 주자 성리학이라 하겠다. 사실 유학, 곧 주자 성리학은 세상을 합리적으로 보고자 하는 사유의 틀을 제공하는 측면이 있다. 곧 공자 자신부터 매우 현실적인 인물이어서 미신이나 종교 따위를 인정하지 않는 사고를 가지고 있었다. 주자도 사물의 내용을 깊이 파고들어 완전한 앎에 이른다는 격물치지(格物致知)에 관심을 갖고 독창적인 주석을 달지 않았던가.

더구나 홍대용의 다른 저작을 살펴보면 성리학적 사고의 틀을 완전하게 벗어났다고 할 수는 없다. 하지만 홍대용은 성리학의 학문적인 폐단에 대해서는 매우 비판적인 입장을 취했다. 특히 조선 후기 주자 성리학이 가졌던 독단적인 학문 풍토에도 그랬고, 비과학적이고 비합리적인 내용을 비판 없이 받아들이는 태도에도 그러했다. 예를 들어 오행설로 현상을 잡다하게 설명하는 방식이라든가, 전통적인 우주관인 천원지방설이나 문명과 야만을 구분하는 화이론을 절대적으로 맹신하는 것이라든가, 분야설이나 풍수지리설처럼 별자리나 묏자리로 인간의 앞날을 점치는 미신적인 태도 등에는 분명하게 반대하고 비판한다.

다음으로 그가 받아들인 가장 대표적인 학문은 서양 선교사들로부터 전해진 서양 과학 이론이었다. 물론 그는 이런 과학적인 이론이 사실과 정확하게 맞는지 면밀하게 검증하려고 노력했다. 그럼에도 오늘날의 관점에서 보자면 그가 살던 시대의 한계 때문에 그의 이론에 많은 허점이 나타날 수밖에 없었다. 물론 그런 점을 감안하더라도 그는 당시의 일반적인 학자들에 비해 대단한 선각자이자 과학자였다고 할 수 있다. 그의 과학 지식은 선교사들이 펴낸 책 등에서 얻은 것이 많았으니 서양의 과학 이론에 의존한 측면이 크다. 그럼에도 그는 서양 이론을 있는 그대로 받아들이지 않고 항상 재검토하고 증명하려고 노력했다. 그 과정에서 독창적인 이론인 지전설과 무한 우주설 등을 주장하기도 한다. 이렇게 서양 과학 이론은 《의산문답》을 이루는 또 하나의 큰 이론적 줄기라고 할 수 있다.

또 이 책에는 전통적인 사상이지만 성리학과는 매우 대조적인 노자나 장자의 도가사상이 들어 있다. 사실 유학을 공부한 선비들은 대부분 불교만이 아니라 노자나 장자의 사상을 배척했고, 그것을 공부하는 것도 금기로 여겼다. 주자 등 송나라 시대의 성리학자들이 불교와 도가사상을 비판하면서 성리학 이론을 세웠기 때문이다. 이런 까닭에 혹 거기에 관심 있는 유학자들은 몰래 공부할 수밖에 없었는데, 홍대용은 오히려 이 책에서 노골적으로 노자와 장자의 사상이나 내용을 거론하며 주자 성리학을 비판한다. 특히 그는 장자 사상의 상대적 가치관을 끌어들여 주자 성리학의 독단적인 태도를 비판하는데, 과거 같았으면 사문난적으로 몰릴 만한 일이었다. 그나마 그것이 인정되었던 까닭은 홍대용이 살던 영·정조 시대의 개혁적인 분위기 때문이거나, 이 책이 그의 말년 작품이라 곧장 세간에 알려지지 않았기 때문으로 추정된다. 어쨌든 만물은 똑같이 귀한 존재이니 서로 동등하며, 자연과 더불어 살아가던 태고의 원시 시대가 더 좋았다고 보는 노장사상은 주자 성리학에서 말하는 인간만이 가치가 있다고 보는 사상이나 화이론 등을 깨는 중요한 이론적 기초로 활용되었다. 이렇게 홍대용이 노장사상을 통해 인식의 전환을 꾀하려 했던 의도는 편견을 버리고 열린 마음으로 사물을 객관적으로 볼 수 있는 태도를 일깨우기 위한 것이었다.

끝으로 명나라 중기의 유학자 왕수인(王守仁, 1472~1528)이 완성한 양명학(陽明學)을 들 수 있다. 양명학은 주자 성리학의 격물치지 이론이 지닌 문제점을 지적하면서 인간의 본심인 마음을 중시하기 때문에 흔히 심학(心學)이라고도 한다. 왕수인은 주자의 격물치지 방식으로 아무리 깊이 연구해도 이치를 깨닫지 못했다고 한다. 그러다가 우연히 정치적 사건에서 동료를 변호하다 당시 권력을 잡은 환관의 미움을 사서 귀주성 용장이라는 곳으로 좌천당했는데, 거기서 고심하며 수행을 하던 중 결국 본질에 이르는 길은 자신의 마음에 달렸다는 점을 깨달았다고 한다. 그래서 양명학은 주자학에서 말하는 본성과 이치를 외부에서 찾지 않고, 대신 실천을 통한 마음의 깨달음을 강조한다. 《의산문답》에는 허자의 허위의식을 비판하면서 인간의 본심, 실심(實心)을 강조하는 말이 나오는데, 그것은 양명학의 영향 때문인 것으로 보인다.

이렇듯 《의산문답》은 18세기 중반까지 전해진 동양과 서양의 중요 이론이나 사상을 모두 아우르면서 그 장점을 취하고 있다. 이런 점에서 홍대용이 주자 성리학의 좁은 세계에 갇히지 않고 매우 폭넓게 여러 학문을 공부하고 그것을 나름대로 해석하려고 노력했음을 알 수 있다. 그러므로 《의산문답》은 동양과 18세기 중기까지 전해진 서양의 학문적 결실이 녹아 있는 의미 있는 책이기도 하다.

3. 《의산문답》에 담긴 홍대용의 사상

홍대용이 《의산문답》에서 말하고자 하는 내용은 사실 무수히 많다. 별도의 논문으로 엮어 말해야 할 정도로 그 내용은 다양하며 복합적이기도 하다. 하지만 여기서는 그가 말하고자 하는 내용을 몇 가지 핵심만 추려서 간략하게 정리하겠다.

가장 먼저 지적할 것은 그의 학문을 대하는 유연하고 열린 태도와 자세라 하겠다. 이 책을 통해 홍대용이 보여 주고자 했던 학문 태도의 핵심은 자신의 학문에 대한 진심 어린 성찰과 반성, 그리고 다른 학문에 대한 열린 자세였다. 이 책에 나오는 주인공의 한 명인 허자는 홍대용이 서학을 접하기 전 주자 성리학자로서의 모습 또는 사신 일행으로 중국을 여행하기 전까지의 모습을 상징한다. 그런 허자는 주자 성리학을 절대적인 진리이자 유일한 학문이라고 굳게 믿었다. 그러나 그가 실옹을 만나 서학을 접하면서 그의 믿음은 흔들리기 시작한다. 그러다 점차 지금까지 알고 있던 주자 성리학이 절대적인 것이 아니라 여러 부문에서 오류가 있다는 사실을 스스로 깨닫는다. 이와 더불어 이단으로 여기던 노자와 장자의 사상, 양명학 등도 새롭게 바라본다.

바로 이런 성찰과 반성을 대변하는 인물이 실옹이었다. 실옹은 자신이 믿었던 절대 진리인 주자 성리학마저 성찰하고 반성하면서 새로운 학문을 적극적으로 수용한 새로운 유형의 지식인을 상징한다. 아울러 실옹은 홍대용이 닮고 싶고 지향하고자 하는 인물이기도 했다. 이렇게 홍대용은 《의산문답》을 통해 스스로 진리라고 생각했던 학문조차 성찰과 반성을 통해 재검토해야 한다는 강한 메시지를 던진다.

이 점은 오늘의 우리에게도 여전히 필요한 태도가 아니겠는가? 자기가 알고 있는 지식이나 이론 또는 믿고 있는 종교, 그리고 자기가 속해 있는 문화가 최고인 양 여기면서 다른 문화나 사상 또는 종교를 포용할 줄 모르는 독선적인 태도를 가진 사람들이 의외로 많기 때문이다.

둘째, 당대 유학자들의 위선과 주자 성리학의 그릇된 말류(末流, 기울어져 가는 학문의 마지막 부류)에 대한 비판이다. 위선이란 말 그대로 말과 행동이 자기의 본심에서 나온 것이 아니라 겉으로만 착한 척하는 것으로, 이 책의 앞부분에서 실옹이 허자를 꾸짖는 대목에 잘 드러나 있다. 여기서 실옹은 위선을 가져올 수밖에 없는 것은 잘못된 학문 태도에 있다고 말하면서 허자에게 "도술에 홀려 있다."고 지적한다. 이런 문제점을 홍대용은 "후세의 유학자들이 공자나 주자의 학문을 혼란스럽게 하고 어지럽게 만들었다."고도 에둘러 말한다. 이 말은 홍대용이 살던 당시의 학문 풍토를 주자 성리학의 그릇된 말류로 지적한 것이다. 말하자면 허례허식을 마치 예의를 제대로 차린 것으로 여기거나, 공자나 주자의 말 한 구절 한 구절을 금과옥조처럼 여겨 다른 의견을 무조건 배척하거나, 유학의 본래 정신을 버리고 사리사욕을 탐하는 것 등이 바로 이런 말류의 폐단이라고 할 수 있다.

셋째, 홍대용은 만물이 동등하다는 상대적 가치관을 통해 화이론을 극복하려고 한다. 상대적 가치관의 반대쪽에 선 것을 절대적 가치관이라 부른다. 절대적 가치관이란 어떤 최고의 가치가 신의 뜻 속에 또는 철학 원리에 갖추어져 있다는 관점이다. 그러니까 상대적 가치관은 존재하는 만물 모두가 다 나름대로 가치를 지니고 있으므로 어느 하나의 존재나 원리만이 최고라는 것을 거부한다. 만물의 입장에서 보면 모두가 동등하다는 것이다. 이런 사고는 지구가 둥글며 우주의 중심이 아니라는 자연 과학적 지식의 영향으로 더욱 확신을 갖게 된 것으로 보인다.

그 전제로 홍대용은 사람과 만물은 동등하다는 인물균(人物均) 사상을 먼저 주장했다. 물론 이런 사상은 유학에 있는 것이 아니라《장자》같은 노장사상에 들어 있는 상대적 가치관이기도 하다. 우리는《의산문답》곳곳에서 장자의 말을 발견하는데, 이는 홍대용이 독단적인 사고의 전환을 위해 의도적으로 쓴 것으로 보인다. 이 상대적 가치를 더 밀고 나간 것이 세계의 중심은 없고, 또 우주의 중심도 없으며, 중국과 오랑캐의 구분도 없다는 '화이일야(華夷一也)' 사상이다. 자기 입장에서는 각자가 중심이라는 말이다.

그럼 홍대용은 왜 오랑캐나 중국이 다 같다고 말했을까? 그것은 당시 양반 지배층들의 허위의식을 비판하기 위해서였다. 사실 조선의 양반집 아이들은 어릴 때부터 중국의 역사나 문화가 담긴 천자문이나 《소학》 등을 읽고 자랐으며, 어른이 되어서도 사서오경을 비롯해 중국의 사상에서 벗어날 수 없었다. 이러니 문화적으로 중국이 최고라는 생각에서 벗어나지 못하고 옛 중국의 성인이 만들어 준 예법이나 제도만이 절대적 가치를 지닌 것으로 여겼다. 더구나 당시 조선의 성리학자들은 화이론을 근거로 소중화 의식에 빠져 청나라나 서양을 오랑캐라고 업신여기고 그들의 학문을 배우기는커녕 무시했다. 조선의 제도와 생활을 발전시키려면 청나라나 서양의 발전된 문물을 받아들여야 하는데, 화이론이나 소중화 의식이 이를 가로막았던 것이다. 바로 여기서 홍대용이 "중국과 오랑캐는 똑같다."고 말한 것의 이중적인 의미가 나온다. 좁게는 소중화 의식을 드러내는 조선의 성리학자들에게 '중국인이 세운 명나라나 오랑캐가 세운 청나라는 다 같은 것이다.'라는 의미가 그 하나이고, 넓게는 '중국이나 그 주변의 나라(또는 서양의 여러 나라)나 다 같다.'라면서 서양의 학문을 받아들여야 한다는 것이 두 번째 의미라 하겠다.

　　이렇게 중국과 오랑캐가 같다는 말은 당시 조선의 문화 풍토에서는 폭탄선언에 다름 아니었다. 이것은 독단적인 세계관을 극복해 자기 자신을 새롭게 인식하는 객관적 세계관으로의 전환이며, 세상의 중심은 없고 모두가 중심이 될 수 있다는 생각을 통해 주체로서의 조선을 자각하는 독립 선언이었다고도 하겠다.

넷째, 서양의 새로운 자연 과학 이론을 적극적으로 받아들여 사물과 자연에 대한 합리적이고 객관적인 지식을 추구하려고 한다. 홍대용은 서양 선교사들이 소개한 서양 과학 이론을 접하면서 전통적인 동양의 자연 과학 이론 가운데 상당 부분이 틀렸다는 확신을 갖는다. 그래서 그는 음양 오행론을 비롯해 천원지방설, 분야설 등 전통적인 우주론, 천체론 등을 잘못된 이론이라고 비판한다. 물론 그는 서양 과학 이론을 받아들이면서도 전통적인 기 이론은 나름대로 인정했는데, 이것은 그가 아리스토텔레스의 4원소설을 접하면서 기를 만물의 근원이라고 생각했기 때문이다. 그런데 여기서 주의할 것은 홍대용이 서양의 자연 과학 이론을 무조건 받아들이지 않았다는 점이다. 그는 서양의 이론들조차 검토하거나 검증하려고 노력했고, 그 과정에서 무언가 불합리하거나 비과학적인 이론에 대해서는 그 이론을 수정했다. 이 과정에서 나온 것이 지전설과 무한 우주설 등이다.

이렇게 홍대용은 서양 과학을 비판적으로 받아들이고 자신의 생각을 덧붙여 이전 동아시아인들이 생각했던 우주관이나 자연관을 극복하는 데 최선을 다한다. 오늘날 그 이론이 실제 사실에 맞든 안 맞든 당시로서는 매우 합리적인 자연 과학 탐구 자세였다고 하겠다.

다섯째, 미신을 타파해야 한다고 단호하게 주장한다. 미신이란 사물에 대한 잘못된 근거를 바탕으로 나온 믿음이다. 그러니 미신을 비판할 수 있는 근거는 당연하게도 사물에 대한 과학적인 이해라 할 수 있다. 홍대용은 젊은 시절부터 사물을 과학적으로 이해하는 데 관심을 가졌고, 북경에 다녀오기 훨씬 오래전부터 서양 과학에도 관심을 가지고 있었다. 또한 서양 과학에 근거해 관측 도구를 제작하고 다양한 사물이나 자연 현상 등을 합리적으로 파악하려고 노력했다. 이런 노력이 배경이 되어 그는 점성술이나 풍수지리설처럼 미신적인 요소를 지닌 이론들을 단호하게 비판한다. 물론 오늘날의 관점에서 보더라도 이런 이론들은 자연 현상이나 자연의 모양새를 인간의 길흉화복과 연결시켰다는 측면에서 비논리적이고 비과학적인 이론들이다.

이렇듯 홍대용은 학문적·종교적 맹신이나 독선, 그리고 온갖 편견과 그릇된 미신의 굴레에서 벗어나 과학적이고 합리적인 진실에 눈을 뜨려고 노력한다. 그리고 한 걸음 더 나아가 자신이 확신하던 앎조차 되돌아보며 그것을 검증하려 했고, 그 과정에서 새로운 지식을 받아들이는 열린 자세로 인식의 지평을 넓히려고도 했다. 이런 그의 학문 자세는 그 자신이 살았던 시대만이 아니라 현재의 우리에게도 여전히 요구되는 자세일 뿐만 아니라 모범이 될 수 있는 것이다.

4. 오늘날 《의산문답》은 우리에게 어떤 의미를 지닌 책인가?

《의산문답》은 분명 과거인 18세기에 쓴 책이지만 오늘날 그것을 읽어 보면 사람들은 결코 먼 과거의 일만이 아니라는 사실을 깨닫는다. 왜냐하면 책 곳곳에 오늘의 우리 자신을 되돌아보게 하는 내용들이 많이 나오기 때문이다. 그러면 어떤 내용이 그런 것일까? 크게 보면 다음의 두 가지라고 할 수 있다. 하나는 다른 문화와의 교류나 수용에서 취해야 하는 주체적 자세에 관한 문제다. 또 다른 하나는 문화를 교류하는 과정에서 주체의 자기반성과 성찰에 관한 문제다.

역사학자들은 홍대용을 비롯한 박지원, 박제가, 이덕무 등을 실학자 가운데서도 북학파로 분류한다. 북학파란 곧 조선 후기에 북쪽에 있는 청나라의 발달한 문물을 배워 백성의 생활을 개선하자고 주장한 학자들이라는 뜻이다. 물론 그 문물 속에는 청나라 것만이 아니라 멀리는 서양의 과학도 포함되어 있었다. 홍대용은 비록 북학이라는 말을 앞장서서 주장하지는 않았지만, 북학파 가운데 누구보다도 먼저 중국을 방문했고 선배로서 활약했다고 할 수 있다.

그런데 얼핏 보면 홍대용을 비롯한 북학파 인사들은 청나라나 서양의 선진 문물에 푹 빠져 줏대 없이 그것을 도입하려고만 한 것으로 비칠 수도 있다. 사실 개화기 때나 일제 강점기, 그리고 광복 후나 지금까지도 외국의 문물을 추종하는 것이 잘난 일인 양 뻐기는 그런 인사들이 많았던 것을 기억해 보라. 오늘날 우리가 겪는 문화적·사상적 혼란의 원인 가운데 상당 부분이 그런 맹목적인 추종에서 나왔음도 부정하기 어렵다.

그러나 홍대용을 비롯해 북학파는 결코 외국 문물이라고 무조건 추종하는 사람들이 아니었다. 더구나 이들은 당시 조선의 지식인들이 근거도 없는 중화 의식에 빠져 멸망한 명나라를 높이고 도리어 중국을 지배하던 청나라를 오랑캐라 무시하는 상황에서 과감하게 청나라를 배우자고 주장했다. "중국과 오랑캐는 하나다."라는 홍대용의 말이 뜻하듯이 오랑캐라고 무시하던 나라들, 곧 청나라나 서양 여러 나라의 학문을 배우자고 주장한 것이다. 이는 오히려 없어진 명나라를 높이며 사대적이던 지배층에게 그런 맹목적인 추종을 멈추라는 권고이자 비판이기도 했다. 더구나 앞에서 여러 차례 지적했듯이 홍대용은 서양의 자연 과학적 지식조차 맹목적으로 믿지 않았으며, 항상 검증과 검토를 통해 자신의 것으로 만들거나 거기에 자신의 생각을 창조적으로 덧붙이는 등 주체적인 학문 태도를 가지고 있었다.

사실 문화란 서로 주고받으며 교류되는 것이고, 그 과정에서 자기 것으로 얼마나 잘 만드느냐가 중요한 것이다. 그러니 남의 것이 좋다고 무조건 추종하는 것도 문제지만, 우물 안 개구리처럼 자기 것이 최고라고 생각하는 것도 문제다. 오늘날 우리는 외국과의 교류가 대세인 시대에 살기에 많은 사람이 해외로 나가 교역을 하거나 학문을 배우기도 하고, 반대로 외국에서 우리나라에 들어오기도 한다. 이 과정에서 다른 나라의 좋은 점을 열린 마음으로 배워 나의 것으로 소화하는 것은 매우 중요한 일이다. 그러니 자기의 소중한 문화유산을 잊어서도 안 되지만, 외국의 문화나 학문을 자기 것으로 만드는 일도 가치 있는 일임을 잊어서는 안 된다. 이런 것을 문화의 토착화 또는 문화의 주체적 수용이라고 한다. 사실 《의산문답》은 이런 내용을 구체적으로 말하고 있지는 않지만 그 내용을 보면 이것을 몸소 실천하는 텍스트라고 할 수 있다.

다음으로 다른 문화를 제대로 수용하려면 주체가 자기 자신에 대해 반성과 성찰을 해야 한다는 점이다. 흔히 사람들은 자신이 알고 있는 것이 전부라고 생각하면서 더는 알려고 하지 않고 자기만이 최고라는 생각을 갖기 쉽다. 그리고 이렇게 자기가 알고 있는 것을 진리라고 여기다 보면, 거기에 대한 신념이 확고해져 마치 종교의 가르침처럼 따르게 된다. 이런 것이 문화나 학문에서 드러나면 독단과 편견으로 굳어진다. 이런 사례는 홍대용이 살던 당시 성리학적 세계관만이 절대적인 진리이자 진실이라고 믿던 사람들에게서 쉽게 찾을 수 있다.

하지만 이런 사람들의 마음속을 면밀하게 들여다보면 자랑하려는 마음, 남을 이기려는 마음, 권세를 부리려는 마음, 이기적인 마음이 가득 차 있으니, 그들의 독선만이 세상을 지배할 따름이다. 더구나 그들이 진리라고 믿는 신념들도 실제로는 허울뿐인 믿음이다. 그들은 위선적인 가식을 통해 자신의 속내를 감추고 자신들의 욕심만을 채우려고 한다. 특히 사회의 지배 집단이 이런 태도를 가지면 사회는 더욱 경직되고 특정한 사상만 강조하며 비판자들을 불순한 세력으로 매도한다. 이것은 우리 인류가 역사에서 수없이 겪은 교훈이기도 하다. 물론 우리의 근현대 역사에도 그런 사례는 무수히 많았다.

이런 독선적인 신념으로 꽉 차 있으면 결코 다른 문화를 받아들지 못하고, 그런 사회는 결국 퇴보하고 후퇴할 뿐이다. 진정으로 문화 교류를 하려는 주체들이라면 자신의 욕심과 신념을 내려놓고 열린 마음으로 다른 문화 그리고 새로운 앎을 받아들여야 한다. 《의산문답》에서는 "만물은 동등하다."라는 말을 통해 이런 열린 사고를 강조하고 있다. 홍대용이 "만물이 동등하다."고 말한 것은 먼저 우리의 앎에서 절대적인 것은 없다는 사실을 선언하는 측면이 있다. 이것은 세상 사람들 각자가 자신의 입장에서만 바라보고 생각해서는 안 된다는 뜻이기도 하다. 각자 자신이 알고 있는 지식만 최고라고 생각하거나 옳다고 고집하다 보면 개인, 종교, 지역, 출신 학교, 집단, 계층 간의 갈등은 결코 조정되거나 해소될 가능성이 없다. 상대방의 입장에서 바라볼 때 비로소 화해와 협력과 공존의 길로 나아갈 수 있다. 그것을 요즘에는 공감 능력, 소통 능력이라고 말하지 않는가?

다른 한편 "만물이 동등하다."는 말은 만물은 모두 그 자체로 존엄

한 가치를 지닌 존재이니 우열이 있는 것도 아니며, 더구나 인간만이 중심이라는 관점을 넘어서야 한다는 뜻이다. 곧 이 말은 우리 인간의 입장에서 자연을 바라보던 독선적인 태도를 버리고 자연과 공존할 것을 요구한다. 그것은 오늘날 인간들의 개발 논리에 따라서 자연을 훼손하고 자원을 남용함으로써 생긴 문제, 곧 생태계의 파괴와 기상 이변 등 환경 문제에 대한 심각한 경고이기도 하기에 인류가 앞으로 풀어야 할 중요한 과제라고 하겠다.

이렇듯 《의산문답》에서 읽어 낸 두 가지 문제는 타자를 대하는 관계의 문제로 집약할 수 있다. 더 많은 사람이 자연을 포함한 타자와 동등하고 열린 관계를 맺는다면 우리 삶의 질은 개선되고 보다 좋은 세계가 되지 않겠는가. 그러므로 인간은 다른 인간과의 관계만이 아니라 자연을 포함한 세계 전체와의 관계 맺기에서도 동등하고 열린 마음을 가져야 한다. 그것이 바로 '화이일야'이며 '인물균'이다.

홍대용 연보

<table>
<tr><td>1731년</td><td>3월 1일 충청남도 천원군 수신면 장산리 수촌 마을에서 태어남.</td></tr>
<tr><td>1742년(12세)</td><td>남양주 석실 서원에서 김원행에게 나아가 배움.</td></tr>
<tr><td>1746년(16세)</td><td>거문고를 배우기 시작함.</td></tr>
<tr><td>1747년(17세)</td><td>한산 이홍중의 딸과 혼인.</td></tr>
<tr><td>1754년(24세)</td><td>석실 서원에서 《소학》 강론.</td></tr>
<tr><td>1755년(25세)</td><td>연암 박지원과 교유.</td></tr>
<tr><td>1759년(29세)</td><td>부친의 나주 목사 부임지에 따라가서 화순에 은거한 호남의 실학자 나경적을 찾아가 사귀며 혼천의와 후종(자명종)을 제작하기로 작정함.</td></tr>
<tr><td>1762년(32세)</td><td>혼천의와 자명종 완성. 고향 집에 농수각을 짓고 혼천의와 자명종 보관.</td></tr>
<tr><td>1765년(35세)</td><td>숙부 홍억이 중국 사신으로 가게 되자 수행 군관 자격으로 북경에 가다.</td></tr>
</table>

1766년(36세) 북경에서 천주당을 방문해 흠천감의 최고 책임자인 유
고슬라비아 출신 선교사 할러슈타인, 흠천감의 부책임
자인 독일 출신 선교사 고가이슬을 만남. 항주에서 온
선비 엄성, 반정균, 육비 등을 만나 사귀며 의형제를 맺
음. 귀국해서 〈건정동회우록〉을 엮고, 여행 기록인 한
문본 《연기》와 한글본 《을병연행록》을 정리함.

1767년(37세) 부친상을 당함. 《해동시선》 4책을 완성해 항주의 반정
균에게 보냄.

1770년(40세) 부친의 상을 마치고 금강산을 여행함.

1773년(43세) 《주해수용》을 지음.

1774년(44세) 음직으로 선공감 감역을 거쳐 돈녕부 참봉이 됨. 동궁
이던 정조를 보위하는 세손익위사의 시직(侍直)이 됨.

1775년(45세) 동궁과 주고받은 말을 일기 형식으로 기록한 《계방일기
(桂坊日記)》를 남김.

1776년(46세) 정조가 즉위하자 사헌부 감찰이 됨.

1777년(47세) 전라도 태인 현감에 부임.

1779년(49세) 경상도 영천 군수가 됨.

1783년(53세) 모친의 병을 핑계로 영천 군수를 사직하고 고향으로 돌
아옴. 10월 22일 중풍으로 별세.

1939년   그의 저술들을 모아 《담헌서》를 간행함.